经济管理学术文库·管理类

创客合作网络

Collaborative Network of Maker

付群英／著

图书在版编目（CIP）数据

创客合作网络/付群英著. —北京：经济管理出版社，2019.3
ISBN 978－7－5096－6417－9

Ⅰ.①创… Ⅱ.①付… Ⅲ.①互联网络—影响—创业—研究—中国 Ⅳ.①F249.2

中国版本图书馆 CIP 数据核字（2019）第 035960 号

组稿编辑：杨国强
责任编辑：杨国强　夏梦以
责任印制：高　娅
责任校对：王淑卿

出版发行：经济管理出版社
　　　　　（北京市海淀区北蜂窝 8 号中雅大厦 A 座 11 层　100038）
网　　址：www.E－mp.com.cn
电　　话：（010）51915602
印　　刷：北京晨旭印刷厂
经　　销：新华书店
开　　本：720mm×1000mm/16
印　　张：13
字　　数：130 千字
版　　次：2019 年 7 月第 1 版　2019 年 7 月第 1 次印刷
书　　号：ISBN 978－7－5096－6417－9
定　　价：68.00 元

·版权所有　翻印必究·
凡购本社图书，如有印装错误，由本社读者服务部负责调换。
联系地址：北京阜外月坛北小街 2 号
电话：（010）68022974　　邮编：100836

前　言

近年来，国家高度重视并极力推动"大众创业、万众创新"，以释放民智民力，打造新常态下经济发展的新引擎，创新创业已经成为推动经济发展的新兴力量，也是国家战略的一项重要内容。众创空间作为创新创业活动的重要载体，得到越来越多学者的关注。众创空间集聚了大量的创客群体，这些创客群体在众创空间创新创业，是否也存在创客合作网络问题，其合作网络是否影响创客的创新创业绩效，这些都是一个值得关注的科学问题。

本书依据社会网络理论、知识转移理论和创新理论，运用文献分析法、案例研究法和实证方法等，围绕众创空间创客合作网络对创新创业绩效的影响问题展开研究，研究结果：第一，对众创空间进行了界定与分类；第二，创客合作网络强弱度对创新绩效有正向影响；第三，创客合作网络结构洞对创新绩效有显著影响；第四，创客合作网络异质性与创新绩效呈正相关关系。具体内容如下所述。

（1）创客合作网络强弱度对创新绩效的影响。首先，运用扎根理论从网络关系视角研究了合作网络强弱度作用于创新绩效的动态过程。其次，通过实证检验了合作网络强弱度、知识转移与创新绩效三者之间的关系。在已有研究中，对三者关系的研究主要基于固定的社群网络，或者单纯研究强连接或弱连接。本书突破现有研究框架，基于创客这种松散型的社群网络，从动态变化过程视角提出整合强连接优势理论与弱连接优势理论的命题，即创客间合作关系由弱变强的过程对创新绩效的正向影响，结果发现，创客间从弱连接优势转化为强连接优势，进一步促进知识转移，提升创新绩效，从而更深刻地刻画了创客这个独特群体的创新绩效作用机制。

（2）创客合作网络结构洞对创新绩效的影响。首先，基于扎根理论，从结构洞视角探讨了创客合作网络结构洞对创新绩效影响的过程。其次，从实证检验视角验证创客合作网络结构洞闭合、知识转移与创新绩效间关系。在已有研究中，绝大多数采用约束指数或间接约束指数来间接测量结构洞数量，研究重点集中在结构洞形成的原因、过程与动机上。文章从结构洞动态闭合的角度出发，提出合作网络结构洞从存在到闭合代表着不同质信息从转移到有效利用的命题，而结构洞从存在到闭合的过程有可能伴随着创客合作网络关系由弱到强的过程。该研究将合作网络结构洞与强弱度有机联系起来，从这个视角研究合作网络，为研究合作创新绩效提供新的思路。

（3）创客合作网络异质性对创新绩效的影响。基于社会网络理论，从网络资本视角研究合作网络异质性对创新绩效的影响过程；从实证检验视角验证合作网络异质性、知识转移对创新绩效的正向作用。知识转移程度决定了创客的动手能力与技术提升能力，而异质性是不同质知识信息的最终来源。在已有研究中，主要研究了外部异质性对创新绩效的作用，以及内外部异质性的交互作用，未对内部异质性作为主要变量进行研究。通过对创客群体的研究，发现内部异质性对创新绩效具有显著正向作用，即代表创客内部异质性的技能异质性与职能异质性程度，代表了不同程度的资本整合。结构洞从存在到闭合、创客合作网络关系由弱到强正是异质性的信息知识被转移利用的过程，研究结果在一定程度上揭开了合作网络与创新绩效关系的"黑箱"，异质性的信息知识或能力是黑箱的核心，而结构洞与强弱度是异质性信息知识的表现形式和转移的途径。

本书主要创新点在于：将合作网络理论引入众创空间研究，具体表现为：针对创客这一特殊的松散型实践群体，探讨创客合作网络关系强弱对知识转移、创新绩效的影响机制；结构洞的闭合对知识转移与创新绩效的影响作用；发现创客合作网络内部异质性是创新成功的关键因素，且知识转移在其中有中介作用。局限性在于样本量可进一步完善，研究模型可进一步优化。

目　录

第一章　绪论 ………………………………………………… 1

　第一节　选题的背景与意义 ………………………………… 1

　第二节　研究对象与研究方法 ……………………………… 6

　　一、研究对象 ………………………………………………… 6

　　二、研究方法 ………………………………………………… 8

　第三节　研究思路 …………………………………………… 10

　　一、研究内容 ………………………………………………… 10

　　二、技术路线 ………………………………………………… 13

　　三、章节安排 ………………………………………………… 13

　第四节　创新点 ……………………………………………… 15

第二章　相关概念界定及理论基础 ……………………… 18

　第一节　相关概念界定 ……………………………………… 18

　　一、创客 ……………………………………………………… 18

二、众创空间 ·· 21
　　三、合作网络 ·· 22
　　四、知识转移 ·· 25
　　五、创新绩效 ·· 25

第二节　理论基础 ·· 26
　　一、社会网络理论 ·· 26
　　二、知识转移理论 ·· 29
　　三、创新理论 ·· 30

第三节　合作网络研究述评 ·· 31
　　一、合作网络结构洞与创新绩效 ·································· 31
　　二、合作网络强弱连接与创新绩效 ································ 33
　　三、合作网络异质性与创新绩效 ·································· 34
　　四、知识转移的中介作用 ·· 36

第四节　本章小结 ·· 37

第三章　众创空间及创客合作网络理论构建 ···················· 39

第一节　众创空间的提出 ·· 39
　　一、早期的众创空间——创客运动 ································ 39
　　二、众创空间的技术背景 ·· 40

第二节　众创空间的内涵 ·· 47
　　一、大众创新且全行业覆盖 ······································ 50
　　二、准入门槛低 ·· 52
　　三、在线分享 ·· 52
　　四、数字化革命 ·· 53

第三节　众创空间创客合作研究 ………………………… 54
第四节　众创空间分类模式 …………………………………… 56
　　一、网络社区式和平台众包式众创空间 ………… 57
　　二、实体空间式众创空间 ………………………… 57
第五节　众创空间的发展环境 ………………………………… 58
　　一、专利开放提供平台 …………………………… 58
　　二、消费思想与行为模式促使成长 ……………… 60
　　三、制造业变化创造条件 ………………………… 62
　　四、文化观念成为永动机 ………………………… 64
第六节　本章小结 ……………………………………………… 65

第四章　基于众创空间案例的创客合作网络研究框架构建 …………………………………………………………… 67

第一节　样本选择 ……………………………………………… 68
第二节　案例介绍 ……………………………………………… 69
第三节　案例研究与扎根理论研究法 ………………………… 70
第四节　数据采集 ……………………………………………… 71
　　一、半结构化访谈 ………………………………… 72
　　二、实地考察 ……………………………………… 72
　　三、二手资料 ……………………………………… 73
第五节　数据编码 ……………………………………………… 73
第六节　研究梳理 ……………………………………………… 76
　　一、网络结构视角 ………………………………… 76
　　二、网络关系视角 ………………………………… 79

三、网络资本视角 ……………………………………… 80
第七节　创客合作网络研究的整合框架构建 ……… 82
第八节　创客合作网络的研究展望 …………………… 84
第九节　本章小结 ……………………………………… 87

第五章　众创空间创客合作网络与创新绩效理论模型 … 88

第一节　众创空间创客合作网络结构洞与创新
　　　　绩效 …………………………………………… 88
第二节　众创空间创客合作网络强弱连接与创新
　　　　绩效 …………………………………………… 90
第三节　众创空间创客合作网络异质性与创新
　　　　绩效 …………………………………………… 91
第四节　众创空间创客合作网络知识转移与创新
　　　　绩效 …………………………………………… 93
第五节　知识转移的中介作用 ………………………… 94
　　一、合作网络结构洞闭合与知识转移 ……………… 94
　　二、合作网络强弱连接与知识转移 ………………… 95
　　三、创客合作网络异质性与知识转移 ……………… 97
第六节　理论研究模型 ………………………………… 98
第七节　本章小结 ……………………………………… 99

第六章　众创空间创客合作网络与创新绩效实证检验与
　　　　分析 ……………………………………………… 100

第一节　研究设计与数据处理 ………………………… 100

一、问卷设计 …………………………………… 100
　　二、研究样本与数据收集 ………………………… 102
　　三、变量测量与信效度检验 …………………… 102
  第二节　实证分析 …………………………………… 106
　　一、相关性分析 …………………………………… 106
　　二、回归性分析 …………………………………… 107
  第三节　结论与讨论 ………………………………… 110
  第四节　本章小结 …………………………………… 113

第七章　众创空间：性质特征及扶持政策选择 ………… 114
  第一节　研究背景与方法 …………………………… 114
  第二节　长尾理论 …………………………………… 115
  第三节　性质特征对比研究 ………………………… 116
　　一、关于科技企业孵化器的研究 ………………… 116
　　二、与科技企业孵化器的对比分析 ……………… 118
  第四节　扶持政策问题研究 ………………………… 121
　　一、现有政策 ……………………………………… 122
　　二、政策的作用功能 ……………………………… 123
　　三、在创客合作方面存在的问题 ………………… 124
  第五节　扶持政策案例研究 ………………………… 125
　　一、北京众创空间的政策 ………………………… 126
　　二、福建厦门的众创空间政策 …………………… 126
　　三、成都众创空间的政策 ………………………… 128
　　四、山东济南泉城众创空间的新政策 …………… 128

第六节	扶持政策研究导向	129
	一、从组织性质看定位	130
	二、从行业性质看进程	130
	三、从运营条件看环境	131
	四、从创设主体看活力	131
	五、从创客角度看人才	132
	六、从管理角度看效率	132
第七节	扶持政策研究结论	133

第八章 结论与展望 ………………………………… 135

第一节 研究结论 …………………………………… 136
　　一、研究结论 …………………………………… 136
　　二、理论贡献 …………………………………… 138
　　三、实践意义 …………………………………… 141
第二节 研究局限与展望 …………………………… 144
　　一、研究局限 …………………………………… 144
　　二、研究展望 …………………………………… 145

附录1 "众创空间创客合作网络与创新绩效研究"
　　　调查问卷 ………………………………………… 147

附录2 The questionnaire of maker's cooperative
　　　network and innovation performance ………… 152

附录3 关于空间管理层的深度访谈问卷 …………… 157

附录4 关于创始人的深度访谈问卷 ·················· 159

附录5 关于创客的深度访谈问卷 ···················· 161

参考文献 ·· 164

致谢 ··· 191

第一章 绪论

第一节 选题的背景与意义

经济增长是一个多变量函数,人们经过几千年的思考认为决定经济增长的有四个变量,它们是"制度、自然界资本、劳动力与土地"。制度如法制、规章制度等;自然界资本,如石油、天然气、各种金属、矿产的储藏等;劳动力的数量、成本、素质等;土地。四变量中的"自然界资本、土地与制度"所带来的经济增长在特定时间空间上是受限的、稀缺的。唯有"劳动力"这个变量受时空限制小。熊彼特(1911)在其著作《经济发展理论》《经济周期》和《资本主义、社会主义和民主主义》中构建的创新理论体系中指出,"创新"就是要"建立一种新的生产函数",是将生产诸要素（劳动力等）与生产条件在新的环境中重新进行有机排列组合，这种新的组合就是创新。企业家引领经济发展的核心职能就是创新。这种创新或者创新组合带来的超额收益的不断累积则促使了经济增长，促进了社会发展。中央经济工作会议明确指出：经济新增长点主要来自改革、创新和结构的变化。会议进一步明确：依靠创新成果转化为产业，以创造出新的经济增长点；同时，营造出适于创新创业的大环境，使创新创业成为新的经济增长主体。总的来说，尽管熊彼特在一百多年前提出创新是经济增长点，但我国政府在2014年底才明确把创新作为经济增长点，并指出要将创新落实到产业活动中。也就是，创新创业是当前中国经济增长的主要动力，而众创空间则是创新创业的发源地和载体。

那么在新常态下，中国经济的高增长还能保持多长时间？过去30年，来自资本配置的改善还能持续多久？2015年政府工作报告中指出，经济要保持稳定增长比较困难，依靠投资带来的增长也乏力，国内形成新的消费增长点较少，国际市场也不能带来好的增长（科技部）。2016年的全国两会上，李克强总理发言表示：加快发展新经济，一方面依靠新技术、新产业与新业态的发展，另一方面要靠创新体制机制来提升经济的发展。此背景下，创新成为改造传统产业、打造经济新引擎的重要手段，成为培育和催生经济社会发展的新动力，成为稳投资保增长的重要途径（国务院）。2017年，"提升众创空间创新创业效率"成为新的战略方向，旨在持续促进创新创业更深更全面地成长与发展。2014年，美国政府就面向全球宣布，集全国之力推动"美国制造业的群众文艺复兴"。如今，全球各地的众创空间纷纷建立、发展、成熟，并产生大量的科技创新，为创新界带来深远影响。即，在熊彼特创新思想指导下，全球经济围绕"劳动力"这个变量进行深度创新并落实到经济发展的全面活动中。因此，全面、全社会地推进创新成为带动经济发展的核心力量，也是当前中国经济增长的主体。胡望斌（2014）提出，创新创业是我国经济从外生性增长转向内生性增长的核心力量，与我国成功实施经济转型、产业结构调整、创新型国家建设等重大现实问题密切相关。国家从战略高度上重视创新创业，也是众创空间成为创新创业发源地的条件之一。

条件二是创新模式的演进升级。刘志迎（2016）总结出创新模式的发展历程为简单线性模型、需求拉动与技术推动模型、耦合模型、并行模型和创新网络模型。外部环境的巨大变化使创新所依赖的知识转移基础也发生了改变（Rothwell R.）。

条件三是知识环境的变化，尤其是创新工具和软件的开源开放，成就了社会大众人人可创新的局面。

条件四是顾客需求多样化。制造商只想生产大众需求数量多的产品，而顾客想要自己喜欢的少众产品。众创空间正是为创客提供激光切割机、3D 打印机、数控机床等一系列 DIY 设备的创新空间。

综上所述，众创空间是开放式创新理论发展深化和成熟的结果，是创新网络合作边界越来越大、大众创新能力越来越强、基于互联网的创新外部条件发生突破性变化的直接产物（刘志迎，2010）。

众创空间是时代发展的结果，其创新绩效是全球经济增长和各国维持持续竞争优势的关键因素。从创新绩效管理角度来看，"如何实现大众创新以提升创新绩效"是摆在国家、政府管理者及学者们面前的一个重要又迫切的问题。

大众创新由于具有创客间合作创新的自组织性特点（付群英，2016），使得众创空间创新效率较低，很难满足时代赋予的重大使命。要将松散的创客整合得有效率，须认识到合作网络是决定创新绩效的关键因素（Liu B. C., 2015; Schilling M. A., 2007）。社会网络理论在30年前就提出合作网络结构，该理论用概念化的模型来描述网络结构的主体间关系，用一系列量化工具来分析合作网络结构（Hall A., 2009）。Kijkuit 等（2010）指出网络规模、合作强弱度、达高性、异质性与结构洞等都会对创新绩效产生显著影响。那么创客合作网络是如何影响创新绩效的？目前关于合作网络的研究非常多，但针对众创空间创客合作的，无论是定性还是定量研究都较鲜见。已有研究探讨了知识转移在不同类型的网络结构中不同的转移效果，以及对创新绩效的不同影响。因此，对众创空间创新绩效的研究中引入知识转移的中介作用将有利于深层次了解众创空间创客合作网络的作用机制。

这就为承载创新创业活动的众创空间提出一个现实问题：如何发挥大众的力量（劳动力）来提升创新绩效？也就是如何提升众创空间的合作绩效？2015年3月5日，李克强总理在全国两会上提出要顺应网络时代推动"大众创业、万众创新",让每位有创新意愿与创新能力的普通大众都能自主创新创业,让创新创业的氛围在全社会形成,激起普通大众的创造活力,培养和扶持大学生等各类青年创新创业,释放全民智慧与全民创新能力,以此带动和扩大就业,打造新常态下经济增长的新动力。因此,越来越多学者开始关注众创空间,"众创空间的创新绩效"问题也由此得到学术界普遍关注。

本书在现有少量研究基础上,把握研究前沿、重视理论价值;主要关注的科学问题包括:①创客与众创空间是什么?②创客合作网络对知识转移产生什么影响?③创客合作网络对众创空间的创新绩效有怎样的影响?

具体而言,本书通过对成都、重庆、上海、广东、深圳、杭州、北京、南京、武汉、合肥等多地的众创空间实地考察,以及与各地创始人、资深创客的深度访谈,整合社会网络理论的研究框架:首先,界定创客与众创空间的概念;其次,通过基于扎根理论的探索性案例研究厘清创客合作网络对创新绩效的影响过程;最后,通过对全国各地众创空间实地调研采集的数据,实证检验了创客合作网络对创新绩效的影响机制。在此基础上,进一步揭示知识转移在创客合作网络的各维度与创新绩效关系中的中介作用。这些研究探索,从研究对象上填补了当前对合作网络的研究空白,从研究视角上补充了当前对合作网络与创新绩效的研究角度。

第二节 研究对象与研究方法

一、研究对象

（一）创新与创业的区别

众创空间是个比较宽泛的概念，包含传统意义上的科技企业孵化器（以创业导向为主）、创客空间（以创新导向为主）及各类创客网络空间平台。政府文件或社会媒体关注的众创空间，更倾向于传统意义的科技企业孵化器，关注更多的是各种孵化器的创业指标；创业合作多以初创公司形式存在。科技企业孵化器中也有创客，但相比较而言，创客空间中的创客合作关系更加松散，更富有创造性，通过合作后更容易出创新绩效。因此，从与本书研究问题"创客合作网络对创新绩效的影响"的匹配度来衡量，创客空间中的创客更符合研究要求。然而，为团队研究的延续性，统一使用"众创空间"的概念，而不是使用"创客空间"的概念。

创新（Innovation）是以新思维、新发现和新模式为特征的一种概念化过程，产出各种作品、成果。创业（Entrepreneurship）是创业者对已有资源或努力对能够拥有的资源进行优化整合，从而创造出更大经济或社会价值的过程。其中，创新成果往往作为重要的创业启动资源。创业是创新的延续，是创新的下一个进程。一般意义的众创空间包含创新与创业，而本书重点选取创客空间型众创空间，因此，着重研究创新绩效，非创新创业绩效。正文中如没有特别交代，所有"众创空间"均指"创客空间"——实体型众创空间。

刘志迎（2016）将国内众创空间按主体划分为政府主导型与民间自发组织型。政府主导型众创空间由政府提供场地、基础创作工具与管理者，对高新技术爱好者免费开放。而民间自发组织的众创空间则分散在居民点、商业区等利于创客集会的地点，收取基本工具维护费与场所运转费，不以营利为目的，而以创作交流为目的。政府主导型众创空间样本量较少。

（二）创客的选取

本书研究问题在于"创新绩效"，因此研究对象是众创空间基于合作的创客间关系。在这个创新的时代，创客俨然已成为全球科技创新的领导者，同时也是我国创新体系中的核心骨干。与此同时，众创空间也在经济增长中扮演着关键角色，尤其是众创空间创客创新绩效的增长直接有利于实现建设创新型国家的战略目标。因此，从实践角度看，探索众创空间创客创新绩效的影响因素，更具有现实价值。

本书选取国内较有代表性的民间众创空间为样本，通过对成都、重庆、上海、广东、深圳、杭州、北京、南京、武汉、合肥等多地的众创空间实地考察，以及与各地创始人、资深创客的深度访谈和问卷调研，重点研究考察与访谈对象。

二、研究方法

本书在美国社会学家华莱士的社会学研究逻辑框架基础上开展创新问题的研究，即建立在"科学环"的社会研究过程构架上（Wallace）。该模型交叉使用演绎法与归纳法。基于此，本书将文献研究、定性探讨、实地调研和实证研究相结合，遵循"文献述评—实地考察—问卷调查—定性探讨—实证分析—得出结论"的基本途径，具体研究方法如下：

（一）文献研究法

文献研究法指通过收集、研读、分析、整理相关文献，形成对研究问题的科学认识方法。文献研究法通常含有以下步骤：提出研究疑问、研究构想、收集文献、阅读文献和文献综述。文章在文献研究法的基本过程指导下，在收集、研读、分析、整理主题文献基础上，对"创客合作网络通过知识转移对创新创业绩效的影响"进行述评，形成科学认识。

（二）扎根研究法

扎根研究法是哥伦比亚大学学者 Straus 和 Glaser 基于经验概括基础上发展出的一套科学有效的定性研究方法。本书在文献研究基础上，采用扎根研究法，深入北京创客、深圳柴火、上海新车间等案例现场，实地调研了众创空间管理者与创客的观点、感受、意图、行动及他们所生活工作的环境结构。采用扎根研究法访谈问题，在访谈中重视引导创客讲出自己对合作对象、合作情境及合作事件的定义，试图发现他们的假设、本来的意义及默认的规则。之后对访谈数据进行编码、归类等处理，从而建构文章的研究框架。

（三）案例研究法

案例研究法由美国哈佛大学法学院始创。Nisbet 等（1972）定义案例研究为对一个特殊事件进行系统研究的研究方法。通过案例研究可以获得数据、经验知识，并用这些数据、经验知识来分析不同变量之间的逻辑关系，进而检验和发展自己的理论。当然，大多学者认为案例研究是运用历史数据、档案材料、访谈、观察等方法收集数据，运用可靠技术对一个事件进行分析从而得出带有普遍性结论的研究方法。本书希望通过上海新车间等案例表明众创空间发展的新趋势，并深入剖析案例中人物的视角、假设与观点来解析创客间的合作网络与创新绩效的关系。

（四）实地调研法

实地调研法包含了现场访谈法与问卷调查法。本书充分结合两种方法的优势进行实地调查研究。本书进行实地调研的目的有：一是通过对众创空间管理层就众创空间创新创业绩效的问题进行深入访谈，从众创空间的管理实践中寻找提炼出影响创新绩效的核心因素，为构建研究框架与模型提供有益借鉴；二是采用问卷调查法收集全国各地的创客在实践中的有关数据，以便对假设命题进行实证检验。

（五）社会网络分析法

社会网络分析法是通过分析社会网络中的节点在不同维度的关系，并建立模型，描述该关系的结构。本书采用社会网络分析技术，寻找、建立、描述众创空间合作网络中不同视角下的过程模型。

（六）定量实证分析法

首先基于文献综述和案例定性研究框架基础上构建理论模型；其次通过问卷调查收集相关数据；最后借助统计分析工具（SPSS）对调查得到的数据进行定量分析与验证。定量分析主要计算收集到的样本的无回应偏差及潜在的共同方法偏差是否在要求范围内，检查量表的信度与效度是否达到要求，及采用多因素方差分析和多元线性回归分析对研究命题进行统计检验。

第三节 研究思路

一、研究内容

本书首先在国内外有关合作网络创新的文献述评基础上，结合国内创客界的现状，确定主要研究问题为：①众创空间创客合作网络各维度对创新绩效有怎样的作用关系？②知识转移在上述作用机制中能否发挥约束作用？笔者导师坚持"管理学界的研究最好着力于解决社会现实中的管理问题"的研究宗旨，请老师带领笔者与学弟学妹们南下北上深入考察各地众创空间，与各空间创始人进行深度访谈，访谈内容从众创空间的现实问题出发，访谈后确定了研究切入点。至此，文章使用文献研究与实地考察等科学研究方法进行研究，具体研究内容如图1-1所示。

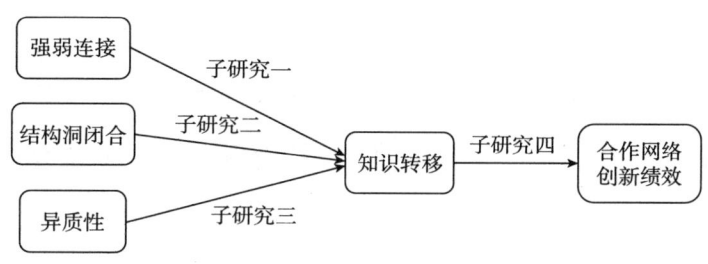

图1-1 研究内容

子研究一：众创空间合作网络结构洞的闭合对创新绩效的作用研究。首先，实地调研中，发现占据结构洞的众创空间管理者只为创客们提供最简单的服务工作，并不利用占据结构洞的优势，而是尽可能促使创客们自己连接合作，不同于普通的合作网络结构洞。因此，文章将结构洞的闭合作为研究变量。其次，笔者通过参考合作网络结构洞的相关文献，发现研究结构洞者众，而研究结构洞闭合者寡。鉴于此，本书主要内容之一是：以结构洞的闭合为研究变量，详细分析结构洞的闭合对创新绩效的作用机制。

子研究二：众创空间合作网络强连接与弱连接对创新绩效的作用研究。首先，在众创空间的实地调研中，发现众创空间创新成果差别较大，有些众创空间成果斐然，有些众创空间成果寥寥。通过深入访谈得知创客之间连接关系强弱对创新成果具有关键作用。因此，本书从创客连接的强弱度切入。其次，在研读国内外合作网络强弱度的相关文献时，笔者发现，强弱连接已成为研究创新绩效的热点变量之一，但学者们多进行分散研究，要么只研究强连接对创新绩效的作用，要么只研究弱连接对创新绩效的作用，鲜有学者将两种理论整合到一个研究框架中。本书鉴于创客群体在实践领域的特殊情况，拟整合强连接优势理论与弱连接优势理论进行综合研究。本书主要内容之二是：创客之间的强连接与弱连接两种不同方式对创新绩效的影响。

子研究三：众创空间创客合作网络异质性对创新绩效的作用研究。首先，实地调研中，发现众创空间的创客们分别来自不同行业不同工作岗位，异质性显著。因此，本书将异质性作为研究变量切入研究。其次，笔者通过参考合作网络异质性的相关文献，发现学者们偏向研究外部异质性，对内部异质性研究者少。结合已有研究，本书从技能异质性与职能异质性两个维度检验创客合作网络内部异质性对创新绩效的影响作用。

子研究四：众创空间创客合作时知识转移对创新绩效的中介效应研究。实地考察中发现，众创空间之所以创新绩效显著，主要受益于创客间有效的知识转移。知识转移方面的文献也支撑这一中介作用。因此，本书把众创空间创客的创新行为作为研究对象，采用问卷调查与实地访谈相结合的方式收集数据，运用多元线性回归模型，分析验证知识转移对创新绩效的中介效应。

二、技术路线

本书技术路线遵循"提出问题—分析问题—解决问题"的基本思路。首先，基于文献研究提出科学问题，并通过实地调研，扎根分析问题、确定研究框架；其次，通过理论分析形成研究模型；最后，采用实证研究法计算分析与检验研究命题，得到结论。本书技术路线如图 1-2 所示。

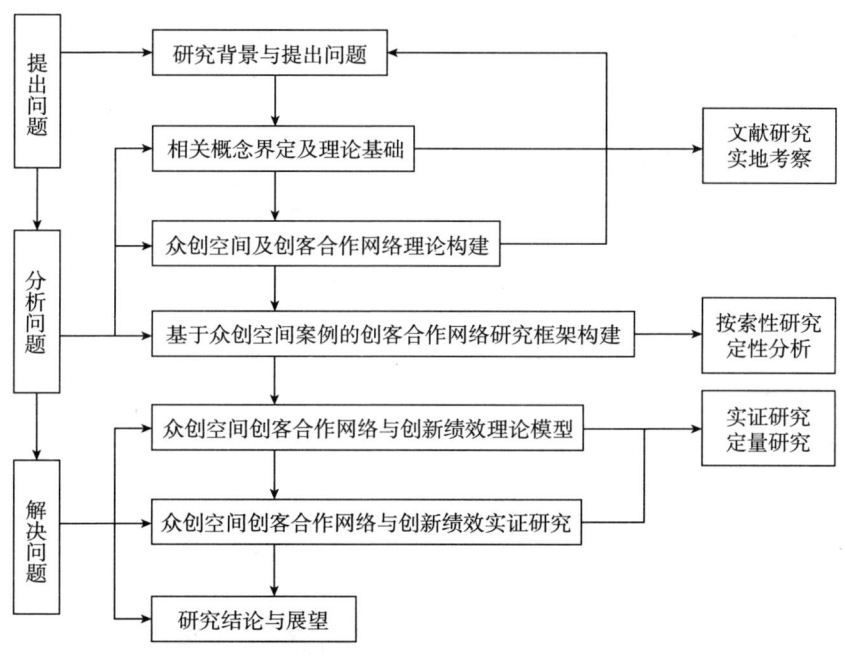

图 1-2 研究框架与技术路线

三、章节安排

根据上节所述的技术路线，本书共有八章，具体内容如下：

第一章，绪论。首先，简要介绍众创空间诞生发展的政治经济背景与理论背景，揭示众创空间创新对于国家经济、社会发展具有至关重要的作用。其次，在阐述研究问题与研究对象后，确定了本书的研究方法及技术路线。

第二章，相关概念界定及理论基础。由于创客、众创空间均为新生事物，因此，本章首先对创客和众创空间进行概念界定。其次介绍了文章的理论基础：社会网络理论、知识转移理论与创新理论。最后就已有研究中，合作网络对创新绩效的影响等相关文献进行系统述评，在厘清影响众创空间创新绩效的因素基础上，把握合作网络领域的研究前沿，找出已有研究可完善之处或者相对空白领域。本章为整篇文章确定了问题切入点，夯实了坚实的理论基础。

第三章，众创空间及创客合作网络理论构建。对众创空间概念的提出、分类及内涵进行认识，进一步界定文章的研究对象。

第四章，基于众创空间案例的创客合作网络研究框架。本章以上海新车间为研究对象，运用扎根研究方法分析上海新车间案例中的创客合作网络对创新绩效的影响。本章基于社会网络理论，从结构、资本与关系三个视角梳理提炼访谈内容，构建了众创空间合作网络研究的整合框架，最后提炼出可能的未来研究方向以供需求者参考。

第五章，众创空间创客合作网络与创新绩效理论模型。本章在第二章文献综述与第四章扎根定性案例研究法基础上，提出研究模型，进行理论分析。

第六章，众创空间创客合作网络与创新绩效实证检验与分析。采用问卷调查收集创客合作网络与创新绩效的数据，再使用统计分析软件分析检验数据，从而使用大量来源于现实的数据实证验证众创空间合作网络的各维度对创新绩效的作用机制。

第七章，众创空间：性质特征及扶持政策选择。采用案例分析法列举几个不同类型城市对众创空间的部分扶持政策，可推广出国家扶持政策的功能作用及导向，提出存在问题及提议的方向。

第八章，结论与展望。本章是对全书研究的总结，并提出文章的主要创新点与实践意义，最后指出本书的局限性以及可能存在的几点研究展望。

第四节 创新点

本书在社会网络理论、知识转移理论与创新理论基础上，首先从众创空间创客合作网络各维度对创新绩效的影响作为研究切入点，从扎根研究法与实证研究法两个研究方法对国内知名众创空间合作网络进行研究，揭示创客结构洞的闭合、合作网络强弱连接与内部异质性对创新绩效的影响机制；验证了知识转移在以上关系中的中介作用。这些研究探

创客合作网络

索，较好地填补了已有研究中缺乏对松散型群体合作网络研究的不足，具体来说，文章的创新点在于：

（1）将众创空间创客合作网络作为分析研究的对象，揭示了松散型合作网络如何才能对创新绩效产生积极的影响。

在已有研究中，学者们把注意力聚集于固定团队成员之间的合作网络对创新绩效的影响，较少有学者研究关注类似创客这样松散型的群体合作网络对创新绩效的影响。本书以众创空间创客间合作网络为分析对象，从扎根理论与实证分析两个研究角度验证了松散型合作网络对创新绩效的影响。这种探索，将弥补完善合作网络对创新绩效的作用研究，深化并推动国内外对创新绩效前因变量的研究。

（2）从创客创新过程的角度，提出合作网络关系由弱到强的变化与结构洞从存在到闭合的动态变化对创新绩效的影响。

以往研究多数使用单一视角来分析合作网络特定维度对创新绩效的影响作用，鲜有学者从创新过程角度分析连接关系由弱到强的变化过程，以及结构洞由存在到闭合的变化过程对创新绩效的影响。文章首先基于扎根理论，从定性角度分别描述了创客合作网络强弱连接关系、结构洞与创客异质性对创新绩效的影响过程图，发现了创客合作网络的各维度的变化过程，因此再次从实证角度验证创客连接关系由弱到强的动态变化，以及创客合作网络结构洞从存在到闭合的变化对创新绩效的影响。本书在社会网络理论基础上，从众创空间创客与创客关系，创客与空间服务人员关系出发，分析并实证验证了众创空间创客连接强弱度与结构洞闭合对创新绩效的影响。这种扩展，将丰富结构洞对创新绩效影响的研究，推动并扩大学者们运用多种视角进行协同研究。

（3）将创客合作网络强弱连接、结构洞闭合与异质性进行整合的研究结果，揭示了它们之间与知识转移、创新绩效的作用机制。

研究现有文献发现，国内外关于合作网络与创新绩效关系的研究在合作网络研究维度上各有不同，鲜有将强弱连接、结构洞闭合与异质性同时进行整合研究的。本书从扎根理论角度提炼出众创空间创客合作网络的三个维度，并采用实证分析检验了三个维度与创新绩效间的关系。而且文章还紧紧把握住了国际研究前沿，在社会网络理论基础上，实证检验了知识转移在上述关系中的中介作用机制。这种整合与延伸，突破了已有研究的视角，十分有助于学者们更全面地了解和认识合作网络对创新绩效动态影响的机制，而且完善了现有关于创新绩效前因变量的研究体系。

第二章　相关概念界定及理论基础

本章是全书的夯实理论与文献基础。其中，概念部分界定阐述全书核心概念，理论基础部分阐述了社会网络理论、知识转移理论与创新理论，文献综述部分主要综述了众创空间合作网络的各维度对创新绩效的影响，与知识转移在合作网络结构洞、强弱度、异质性与创新绩效关系的中介作用。

第一节　相关概念界定

一、创客

早在1971年阿根廷作家豪尔赫·路易斯·博尔赫斯的著作 *The Maker* 就对创客进行描述，认为创客就是为自己或他人制作物品的个人或群体（Wallace W., 1971）。1978 年，以对创新进行倡导、创造和发扬光大为使命的 Media O. R. 创办季刊 *Makers*，认为创客是专注于自己做 DIY 项目的群体。Media 认为超级创客正在创造未来，*Makers* 杂志也成为 DIY 革命的先锋，为技术人士描绘和提供开创新产业的革命性思想。与 Maker 同时代出现的 Haker，则是开拓性地运用技术资源的具有独特技能的人。2009 年，作家 Doctorow C. 创作小说 *Makers*，详细描述了创客的生活与故事。2010 年，创客一词在中国诞生，综合了 *Makers* 与 Haker 的释义。2012 年《连线》杂志主编 Doctorow C. 编写《创客：新工业革命》，Anderson C. 认为创客是将创造性设计付诸实践的人，热爱 DIY 的人由各自为政变为携手向前即是创客运动（Anderson C.）。将 DIY 精神产业化的人就是企业家。2015 年，由 Clay A. 等作家撰写的著作 *The Misfit Economy: Lessons in Creativity from Pirates, Hackers, Gangsters and Other Informal Entrepreneurs* 中将创客定义为世界上挑战常规的最伟大的创新者（Clay A.）。

主要观点如表 2-1 所示。

表 2-1 国内外有关创客概念界定的主要观点

代表人物	界定角度	定义具体表述
Jorge Luis Borges.	结果导向	创客就是为自己或他人制作物品的个人或群体
O'Reilly Media	行为特征	创客是专注于自己做 DIY 项目的群体
Chris Anderson	创新时序过程	创客是将创造性设计付诸实践的人

续表

代表人物	界定角度	定义具体表述
Alexa Clay	技术变革	创客是世界上挑战常规的最伟大的创新者
Troxler P.	经济角度	指专注于实现创意，不以盈利为最终目标的人
柴火空间	独特性	把与众不同的独特创意变成实物的人
李大维	科技与经济结合	创客就是在智能硬件研发"业余化"的时代，利用开源代码研发出超乎工业化大生产一般想象的东西

综上所述，广义的创客指自己动手把想法变成现实的人，而狭义的创客指运用开源软硬件，将创意付诸实践的普通大众。创客的特征是创新、实践与分享。

基于对众创空间创客定义的不同理解，学者们将创客按创客角色、分工及地域等的不同进行以下分类：

（1）按照创客角色的不同，可将创客分为创意者、设计者与实施者。其中，创意者善于从生活与工作中观察并发现问题，不断产生创意与点子。而设计者根据创意者提供的创意，充分使用开源软硬件或技术，将创意或点子转化为图纸或计划，并分享。实践者摆脱了生产流水线和资本的控制，成功地按图或计划将创意用实物或行动展现出来，实现了第三次工业革命。当然，这三种角色有可能集中体现在一位创客身上。

（2）根据创客在创意实现过程中的分工不同，可将创客分为软件工程师、硬件工程师、调试师等。软件工程师不仅将创意做成图纸或计划，还要负责最终产品所需要的软件程序。硬件工程师执行图纸或计划，将创意变成实物。调试师既懂得软件还懂得硬件，负责实物从雏形到正常运行的所有测试过程。

（3）按地域的不同，可将创客分为国外的创客、北京的创客、上海的创客、深圳的创客……每个地方的创客都有各自浓厚的地方特色。比如"上海的创客没有十分明确的商业目的，更多的是种业余爱好，按李大维先生的话讲就是玩"。深圳的创客基于华强北的坚实基础，急于将创作的小众化作品产业化。而以麻省理工的创客为代表的国外创客专注于创客工具的研制与创新等。

二、众创空间

在知网与Web of Science里可以发现Webb用Mass Innovation表达"众创"，Kevin则表达为Crowd – powered Innovation，而国内学者刘志迎等借鉴众包（Crowd Sourcing）、众筹（Crowd Funding）的做法，将众创表达为"Crowd Innovating"。为什么不用Group，因为创客不是群组，而是一个完全开放的松散群体，可以自由进出；"Mass Innovation（Webb）"的Mass也是不合适的；文章组认为"Crowd – powered Innovation（Kevin等）"中的Crowd比较接近其本来含义，Crowd有志趣相投的含义，这符合众创的内涵（刘志迎，2010）。按照柯林斯高阶英汉词典的解释，"A particular crowd is a group of friends, or a set of people who share the same interests or job"是志趣相投或工作相同的一伙人或一帮人。Webb（2007）认为，未来的创新是无所不在的、相互联系与合作的。刘志迎等定义众创为普通大众通过互联网进行在线搜寻、获取、利用、展示、出售等方式来创新。与行业和科学技术联盟相比，众创，即大众创新产生于以下背景：普通民众对提升生活质量的要求、组织面临的激烈竞争，以及全球化带来的挑战。参与众创的主体是个体与小型组织。他们通过互联网络创新，具有不可预知性和不稳定性。他们主要进行细分市场创造与细分市场填补（Webb）。Kevin等认为，在普通大众成为创新主体的时代，从某种意义上讲胜过以组织为创新主体的时代。

基于上述学者分析及对数十个众创空间发起人的交流，本书基于Anderson的著作《创客：新工业革命》中创客的内涵，界定众创（Crowd-Innovating）为：普通大众在虚拟社区或者实体空间里自由地进行线上线下的交流互动，共同将创意实现为产品或服务。由此形成的大众创新空间，就是"众创空间（Crowd-innovating Space，CIS）"，我们也可以称其为自组织性孵化器。

三、合作网络

（一）合作网络

Mitchell（1969）认为，网络是节点与节点的连接，这个节点可以是个人，也可以是组织。而合作网络就是某个人或组织与其他人或组织之间的连接。合作网络由三个部分组成，它们分别是节点、节点间的联系、节点间的连接途径。本书基于Mitchell的研究，初步确定从创客合作网络异质性考察节点本身,从合作网络强弱连接角度考察节点间关系,从合作网络结构洞考察节点间连接途径。

(二) 强连接

美国社会学家 Granovetter(1973)指出:在传统社会,每个人接触最频繁的是自己的亲人、同学、朋友、同事……这是一种十分稳定的然而传播范围有限的社会认知,这是一种"强连接"(Strong Ties)现象。强连接关系通常代表着行动者彼此之间具有高度的互动,在某些存在的互动关系形态上较亲密。因此,透过强连接所产生的讯息通常是重复的,容易自成一个封闭的系统。网络内的成员由于具有相似的态度,高度的互动频率通常会强化原本认知的观点而降低了与其他观点的融合,Granovetter 认为,在组织中强连接网络并不是一个可以提供创新机会的管道。

(三) 弱连接

经济社会学家 Granovetter 在其论文《弱关系的力量》(The Strength of Weak Ties)中提出:相对于密友而言,人们更有可能从联系不频繁的人那里获取求职信息,并找到工作。弱连接(Weak Ties)理论强调联系不频繁的弱关系促成了不同群体间的信息流动,在不同的群体间传递非重复性的讯息。因此,弱连接可以提供路径、获得信息、带来机会、推荐和控制利益。

研究结果也发现:与一个人工作和事业关系最密切的社会关系并不是"强连接",而常常是"弱连接"。"弱连接"虽然不如"强连接"那样坚固,却有着极快的、可能具有低成本和高效能的传播效率。

(四) 结构洞

Burt 提出的结构洞理论（Structural Hole Theory）认为节点上的个体或组织，都不可能与网络内所有其他节点发生直接关联，但都可能通过他人发生间接联系，这种不能直接联系或关系中断的现象好比社会网络中的洞穴，称为结构洞。Burt（1992）认为横跨强连接地带之间的结构洞是最有优势的位置，能将这些强连接联系起来，有机会接触和控制异质的信息资本，从而更具备竞争优势。

(五) 结构洞闭合

结构洞闭合指结构洞中互不相识的双方通过结构洞占据者或桥的作用而沟通相识与合作，使得原有"洞穴"消失。

(六) 异质性

资源基础论认为，企业的竞争优势源于企业拥有的异质性资源（Barney，2010；Prahalad & Hamel，2011）。所谓异质性资源，其表现为有价值性、稀缺性、难以模仿性和难以替代性，构成了企业竞争优势的内生来源（Barney），也是创造租金的基础。异质性资源分为外部异质性和内部异质性。

外部异质性资源是指企业从外部获取的异质性资源。由于金融资源没有异质性，因此只讨论自然资源、人力资源和组织资源。本书基于众创空间合作网络的独特性，着重探讨人力资源的异质性，人力资源的异质性包括经验、知识、技能、行为规范、文化品质与社会关系。

众创空间中的创客，是需要动手制作产品或提供服务的群体。所以我们着重考察创客的经验异质性与技能异质性。由于异质性人力资源具有稀缺性，因此众创空间的异质性创客成为不可多得的资源，直接决定了创新绩效的高低，也使得异质性成为众创空间合作网络研究的对象。而且，众创空间不能如企业一般，可以通过收购、兼并和建立战略联盟的方式从其他企业中获取具有异质性的人力资源。众创空间只能吸引，培养这些稀缺的异质性创客。

四、知识转移

Teece 最早提出知识转移。Szulanski 界定知识转移为知识提供者与知识接收者就知识信息进行的交换过程。Newell 指出，知识转移是个体或组织对知识信息的创造与重复使用过程。Shu－Hsien 等提出，知识转移是知识接收者对知识信息的接收、储存及创造再使用的过程。

五、创新绩效

创新绩效是指创客采用各种已知和未知的技术，自主创新的成果，以新产品、新服务的增加作为衡量指标。创新绩效这个变量由多个维度建构而成，测量的维度不同，其结果也会不同。美国是最早开展创新绩效指标体系研究的国家。创新绩效对于政府部门和众创空间管理者来说，可以优化创新资源结构和配置调整创新成果目标及方向，进一步提升众创空间的自主创新效率。

第二节 理论基础

一、社会网络理论

不同时代，不同学者对社会网络理论（Social Network Theory）有着不一样的认识与见解。Aldich 和 Zimmer 认为，社会网络是节点上的个体或组织为收集、使用信息、资本与支持的社会结构。Foss 定义社会网络为某个特别的个体或组织所持有的恒久、稳定的社会联系。Landry 等指出，社会网络是由所有提供资本的节点与获取使用资本的节点共同组成的联系网络。Granovetter 在其著作《经济行为与社会结构：嵌入性问题》中指出，社会网络不仅是节点之间相对固定的关系总和，而且是社会网络关注节点间的互动和联系。Granovetter 认为，世界是由若干社会网络组成的，个体行为嵌入到所在社会网络中，社会网络结构与关系又反过来限制、约束个体行为。林南认为，网络节点嵌入到的社会网络的异质性资本越多，该节点在社会网络中的地位越高，获得资本机会越多，其行为绩效越理想。Grabher 认为，社会网络包含重要的信息与资本，可凭网络内关系或结构获取资本、创造价值；并且社会网络不是静态的，而是动态演变、扩展与重新建构。Wellman 认为，各节点有差别地拥有社会网络的信息资本，如关系数量、方向、强度及节点位置等，会最终影响信息资本的流动方式和效率。

以上观点略有不同，但都着眼于三大因素来分析社会网络理论：关系因素、结构因素与资本因素。结构因素关注各节点位置、节点间的连接途径，以及这种途径的演变方向、模式等。关系视角着眼于节点与节点间的联系，即节点与节点间连接的强弱度、密度、规模等。资本因素关注各节点所带来的信息资本，尤其是异质性信息。总体而言，社会网络理论的三大核心分别是结构洞、强弱连接以及异质性。

继 Burt 提出结构洞之后，郭毅等也指出，结构洞占据者拥有资本优势与控制优势。即结构洞占据者占有的结构洞数量越多，能获取的社会资本数量越丰富，社会资本内容越具体，使用社会资本创造绩效的可能性就越大。对结构洞的分类有 Burt 提出的局部结构洞和次级结构洞、Zahee 提出的全局结构洞、Shipilov 等提出的虚拟结构洞，盛亚等提出的自益结构洞和共益结构洞。

强弱连接（Strong Tie and Weak Tie）指的是社会网络中节点与节点之间的发生连接的亲疏程度。Granovetter 在其文章《弱关系的力量》中按互动次数、情感投入程度、关系亲密程度及互惠互助程度四个维度来划分强弱连接。弱连接往往跨越了不同的社会经济体，能带来不冗余的新知识、新信息等新资本。弱连接降低了获取信息资本的难度与成本，能传递与分享简单的显性知识，不能带来竞争优势。强连接虽然不能带来新的信息资本，但由于其特有的信任、稳定、亲密、互惠等能有效促使现有的信息知识等高质量的转移扩散，尤其是复杂的、隐性的知识资本的转移利用，能有效提升创新绩效，获得竞争优势。然而，后续研究学者将强连接视为一种互惠性或回报性的互动行为，弱连接则是非互惠性或非回报性的互动行为，而无连接则代表着无互动关系存在（Friedkin），因此连接强弱的界定事实上是一种程度的区分。而在测量方面，Granovetter 是用了互动的次数来测量连接的强度，另外一种测量方法则是将最近互动的次数纳入考量（Lin 等 2010）。

Bourdieu 首次赋予社会资本理论（Social Capital Theory）的现代意义，当然也有学者追溯到 1916 年，认为是 Hanifan 首次提出该理论。Coleman（1988）阐明，社会资本是节点在网络结构中所处位置的价值，是节点间相互支持的资本财产。节点上的个体或组织所嵌入的社会网络越多，网络规模越大、社会资本越雄厚，获取资本能力越强，行为绩效越可能高。林南界定社会资本是一种想从社会关系中获得回报的投资网络。林南的社会资本理论由资本、网络结构与节点行为构成，分别对应投资对象、投资环境与投资行为。Durlauf 和 Fafchamps 认为，社会资本包含资本、信任与合作行为，即社会资本是在网络形成过程中节点间因规范、信任而产生的经济结果。

综上所述，社会资本理论重点突出网络孕育资本，资本嵌入网络，资本离开网络将失去活力；社会网络资本是能得到回报的投资性资本、生产性资本；社会资本是网络关系数量与质量互动带来的动态效果。社会资本理论关注节点获取网络资本的能力，这种能力不是节点本身拥有的，而是嵌入网络后获得的，也就是异质性的社会网络本身就是社会资本。社会资本理论关注节点使用这些资本获得的回报与收益。可见，异质性的社会网络资本是获得回报的行为活动源头，是动态的、变化的。

二、知识转移理论

创新绩效的大小与多少，其前提条件和基础依赖于创新所需知识的获取与转移。知识是累积在头脑中，可使用其进行转换信息并解释现象的能力（吴冰，2006）；是人类认识世界、创造世界的强大工具（张福学，2007）。知识的分类众多，为广大学者广泛使用的是显性知识与隐性知识（Nonaka，2010）。显性知识是能使用语言文字明确表达、可以有物质载体，可确切地感知和描述的，如事实和原理。隐性知识是不易明确表达、传播有困难的，如技能。隐性知识一般隐藏在人的头脑、观念、洞察力与经验等中，很难通过正式渠道进行传递分享，需要空间距离的亲密接触、亲身观察、实践，才能分享转移隐性知识。在能够编码显性知识之前，人类的知识转移可以追溯到史前时代（Segman，2011）。知识转移的概念，学者们分别从个体、组织与环境等角度进行解释和定义。本书从个体获取知识进行创新的过程，重点从个体角度来理解知识转移。

Reisman 提出，影响知识转移的因素多达 173 项，而且这些影响因素随着研究的深入呈逐渐增加状态。总体而言，对知识转移的影响因素可以总结为知识提供者、知识接收者、知识特征、知识转移通道、知识转移环境及知识转移双方的社会网络六大类（Rothaermel；Easterby – Smith）。比如，Coccia 认为，地理距离是影响知识转移的重要环境因素，仅当地理空间聚集，知识转移效率才是最高的，而单纯的显性知识转移是很困难的（Rogers）。又如信息资本的黏滞性（Hipple V.）与模糊性（Simonin）是影响知识转移的重要知识特征。

知识转移的理论模型有 Nonaka 等提出的 SECI 模型，该模型提出，知识转移是个体或组织就隐性知识与显性知识进行的持续互动过程，并按螺旋形式依次表现为外在化、组合化、社会化和内在化四种模式。还有 Szulanski 的启动、实施、调整与整合四阶段学说。也有学者从组织内部和组织外部两个方向研究知识转移。组织内的方向又可从知识转移过程、前因变量、转移机制与转移模式等角度进行研究探索。

三、创新理论

美国哈佛大学教授 Schumpeter J. A. 在其著作《经济发展概论》中提出：创新（Innovation Theory）是指把一种新的生产要素和生产条件的"新结合"引入生产体系。熊彼特认为，资本主义经济打破旧的均衡而又实现新的均衡主要来自内部力量，其中最重要的就是创新，正是创新引起经济增长和发展。20 世纪 60 年代，新技术革命的迅猛发展。美国经济学家 Rostow 在其著作《经济成长的阶段》中指出，技术创新体现出越来越强的知识依赖性，使得创新由易变难，逐渐成为高知识人群才能完成的工作，这成为众创空间集聚创客共同创新的理论支撑。

第三节 合作网络研究述评

自 1991 年 Freeman 率先定义创新网络后，多数学者就组织层面的合作网络展开研究。如学者 Gilsing 等检验了企业内部合作网络的强弱连接对创新绩效的作用。文章重点对个体层面的合作网络研究展开述评，如 Jiang 等通过专利产权共有者研究发明者所处网络结构类型。Hoang 等通过对三类期刊 15 年来研究创业者合作网络的 70 多篇文献进行综述，得出影响创新绩效的三个领域是网络结构、网络关系、网络管理。在 Mitchell 与 Hoang 研究结论的基础上，本书将从这三方面进行述评。

一、合作网络结构洞与创新绩效

Burt 提出，合作网络结构洞就是两节点之间的非冗余连接；结构洞占据者可以连接到彼此不联系的节点而获得优势。现实的社会网络中不存在都彼此发生联系的任意两节点，因此，结构洞是普遍存在的。关于社会合作网络结构洞与创新绩效的关系研究可分为两个阶段：

（1）静态角度。研究结论是多元的，有验证二者正相关的、有不相关的，还有负相关和"U形"曲线作用。薛靖等得出，节点占据结构洞的数量多少与创新绩效呈正相关。Zaheer使用加拿大共同基金进行实证研究，得出跨越结构洞的节点拥有更高的创新绩效。Gilsing等的观点是技术距离的增大使处于结构洞的主体创新绩效下降。Zhixing等使用中国的数据得出占据结构洞的节点会产生负效益。范群林等论证了结构洞位置与创新绩效之间没有显著关系。Graf等则论证了占据结构洞位置的节点与其创新绩效之间存在"U形"关系。

（2）动态角度。即结构洞是如何形成与闭合的。Borgatti等关注个体的特殊结构洞是如何动态形成的。Emirbayer等关注社会网络的构成、扩散与演变过程。Sasovova等认为个体目的性行动是促使结构洞形成的原因。Lee等认为积累优势是结构洞形成的原因。关注闭合网络的学者有：Burt认为较多结构洞的非闭合网络能带来信息的多样性，而较少结构洞的闭合网络能建构规范、信任，从而促进创新绩效。Coleman定义闭合网络为所有节点间都联系紧密的合作网络，这样的闭合网络可以更高效地创新（Phelps）。Ricchiuto认为，结构洞闭合是结构洞占据者的网络编织行为。鲜有作者研究结构洞从存在到闭合，因此，本书拟研究结构洞的闭合。结构洞的闭合指结构洞中互不相识的双方通过结构洞占据者或桥的作用而沟通相识与合作。

二、合作网络强弱连接与创新绩效

Granovetter 认为，人与人、企业与企业之间的合作网络可分为强连接和弱连接。强连接指发生频率高的、情感深厚的、互动频繁的关系，该关系维系着群体或企业内部关系。反之，弱连接是那些联系不紧密、情感投入不多、互动较少的关系。弱连接承担着群体或企业之间信息传递的作用。强弱连接分别决定了获取信息的性质与达到目的的可能性高低。Gilsing 等指出，网络关系强弱连接会影响信息、技术和知识等创新资本的接收、转移和使用，但对创新绩效的作用存在分歧，主要有以下三种结论：

（1）强连接降低创新绩效。Granovetter 认为，强连接所产生信息是重复的、封闭的。成员由于高度的互动频率，降低发现、融合其他观点的机会，因而不利于创新机会。

Gilsing 等认为，强连接使成员获取重复、冗余信息资本的同时，带来资本浪费与成本上升，因而降低创新绩效。Yasmin 等发现，在一个相对细分领域密切合作的紧密耦合者拥有共同观点，发表文章成果不高。

（2）强连接提升创新绩效。Coleman 认为，强连接有利于信誉的产生和维护，从而降低机会成本，提高成员知识接受能力与资本获取能力，进而促进创新机会的发生。Ahuja 认为，强连接能保证知识转移双方相互的理解与信任，提高知识转移意愿，有利于创新绩效。Kretschmer 等发现，强连接有益于充分交流信息和经验，因而竞争力最强。

（3）弱连接提升创新绩效。Granovetter 的弱连接优势理论验证了弱连接不仅能传递非冗余信息，而且有助于提高创新绩效。Burt 也指出，可以通过连接其他网络位置的个体或组织来降低社会网络结构的限制，从而获取结构利益。

综上所述，大多学者只研究强连接或弱连接，鲜有学者将两种理论整合到一个研究框架中。本书鉴于创客群体在实践领域的特殊情况，拟整合强连接优势理论与弱连接优势理论进行研究。

三、合作网络异质性与创新绩效

合作网络异质性是嵌入社会网络的社会资本，是由节点间因不同技能、经验而对创新绩效产生较强影响的重要因素（Moran）。Simmel 最早提出"外来者"的概念，这位"外来者"将新消息、新发明、新知识等带入相对封闭的社群之中。外来者的概念逐渐演变为异质性研究。Finkelstein 等提出，异质性是网络成员在人口特征及重要的认知、经验、能力等方面存在的不同。有关异质性与创新绩效的研究可有以下三个方向：

（1）只研究外部异质性。外部异质性将人口统计变量作为特征进行分析，如成员性别、年龄、学历、收入水平、地域等。有关外部异质性对创新绩效作用的研究结论可划分为正向、负向与"倒 U 形"曲线作用。Williams 等从性别、经验与教育背景的异质性着手，发现成员的多元化观点有益于提升团队能力，从而产生高绩效。Henneke 等也发现外部异质性能提升多元化综合效益。Zenger 等通过研究论述了合作网络的外部性异质性不利于创新绩效的提升。Ensley 同样证实性别、年龄、经历等异质性降低绩效。Amason 将创业团队作为研究对象，研究结论得出外部异质性不利于改善创新绩效。Heyden 也将高层管理团队作为研究对象，同样得出高层团队的异质性不能提升创新绩效。国内学者胡望斌等认为过度同质性（低异质性）使团队易走极端，增加冲突，降低决策质量，只有适度的异质性才能促进绩效。

（2）综合研究合作网络的外部异质性与内部异质性。内部异质性如成员职业背景、行业经验、价值观、能力、认知、宗教信仰等。Ely 等研究发现，合作网络的外部异质性可有效加强内部异质性对创新绩效的影响作用。石磊提出，网络成员职能异质性与信息异质性的交互作用能使成员得到优势互补从而促进绩效提升；而经验异质性与价值观异质性的交互作用则使得成员间增加冲突从而不利于改善绩效。Daellenbach 等发现，职能背景与教育背景的交互作用在科技型企业中呈现正相关，而在非科技型企业中呈现不相关。

（3）在前两类研究基础上，引入各种调节变量。如 Monica 引入 IPO 对网络成员异质性与募集绩效有调节作用。Mason 引入管理复杂性作调节变量，发现其对成员异质性与绩效间关系有显著影响。Mello 等发现，信息与偏好的调节作用能使异质性团队提升绩效。Hmieleski 研究时发现，领导授权的调节作用对异质性与绩效间的作用随环境动态性不同而不同。牛芳等引入变量：创业领导者的乐观心态，研究结论显示其对异质性与绩效间关系有影响。Gathmann 指出，随着创新任务复杂程度的渐渐增加，成员异质性越高，创新绩效越显著改善。

综上所述，本书拟结合技能异质性与职能异质性两个维度来论证众创空间创客合作网络内部异质性对创新绩效的影响作用。

四、知识转移的中介作用

Teece 明确定义知识转移，提出知识转移是技术转移的关键内容。Szulanzki 指出，知识转移是从知识源到知识吸收方的信息传播过程。Nonaka 研究外来者输入的信息知识、经验情感与观念等与现有知识重组成新知识，从而实现创新。Sandhawalia 等认为，知识转移是将个体的异质性知识进行整合、放大和更新，从而提升创新绩效。Jakubik 认为，异质性人才通过组织内的信任与合作，从而有效促进知识转移与共享，改善创新绩效。当然，本书着重从知识转移双方的社会网络角度进行研究，阐述众创空间创客合作网络内的知识转移作用。众创空间通过各种讨论、交流、讲座等活动在空间距离上将创客聚集到一起，将各个创客具有的经验、技能、知识投入到实践中，大家通过实践中学、DIY 中学的方式，高效率地分享与再创造再利用复杂的、隐性的知识。

第四节 本章小结

　　本章的核心内容是相关理论基础与文献综述。理论基础方面，主要介绍了创客、众创空间、社会网络理论和知识转移理论。重点研究众创空间合作网络各维度对创新绩效的影响问题。因此，分别对合作网络的不同维度与创新绩效关系进行综述，对知识转移发生的中介作用进行综述，这些综述不仅指出研究众创空间创客合作网络的现实与理论意义，也为后续章节的理论分析夯实了基础。

　　文献的具体综述，主要介绍合作网络与知识转移。其中，合作网络是文章的核心内容，通过对已有文献的总结发现，合作网络的研究维度相当多，有研究网络能力、网络密度、网络结构、网络位置等，且都对创新绩效有一定影响。学者 Hoang 等通过对三类期刊 15 年来研究创业者合作网络的 70 多篇文献进行综述，得出影响创新绩效的三个领域：网络关系；网络管理；网络结构。Mitchell 认为，社会网络至少包含三种成分：节点、节点间连接关系与节点间连接途径。本书在 Hoang 研究和 Mitchell 研究基础上，确定从三方面切入研究合作网络对创新绩效的影响。具体表现为：众创空间合作网络强弱度；众创空间合作网络异质性与众创空间合作网络结构洞。知识转移是合作网络对创新绩效产生作用必不可少的重要因素，是合作网络对创新绩效产生作用的必经通道。现有合作网络与创新绩效的研究成果都聚焦于固定社群的合作网络，尚未发现有探讨松散群体对创新绩效影响的研究，因此，本书将松散的创客合作网络作为研究对象，以此探究松散型合作网络对创新绩效的作用关系。

第三章 众创空间及创客合作网络理论构建

众创空间与创客成为创新界的热点，然而关于创客与众创空间的概念则是众说纷纭，没有统一的界定。这其中有创客达人的描述，有众创空间发起人的陈词，也有媒体的声音，更有学者们的学术探讨。本章采用探索性分析法与文献研究法，对创客与众创空间的概念进行归纳、总结与界定，力求为后续研究奠定基础。

第一节 众创空间的提出

一、早期的众创空间——创客运动

Troxler 等参考学者 Benkler 提出的"大众生产"（Commonbased Peer Production）概念，将创客运动定义为创新的"大众生产"方式。Farr 认为，20 世纪 90 年代欧洲的黑客运动是早期的创客运动。Bauwens 指出创客运动是一种分享经济的创新模式。Anderson 定义创客运动为基于 3D 技术的新工业革命，是互联网技术和 3D 技术的协同作用产生的比特世界和原子世界的完美结合，是每个普通大众既能使用电脑来实现喜爱产品的设计，也能低成本地实现从设计到生产的过程，即"人人都是创造者"的年代。Hatch 指出创客运动是世界各地的黑客、能工巧匠等借助自身的创造力来创造、创新，并引发下一个时代的社会变革。如表 3-1 所示。

表 3-1　国外学者关于创客运动的主要观点

提出人	年份	论点
Farr	2009	起源于 20 世纪 90 年代欧洲的黑客运动
Troxler&Moilanen	2010	是一种基于"大众生产"的创新模式
Bauwens	2012	是一种分享经济的创新模式
Chris Anderson	2012	人人都是创造者的第三次工业革命
Hatch M.	2013	黑客、能工巧匠等借助自身的创造力来创造、创新，并引发下一个时代的社会变革

二、众创空间的技术背景

随着学者们坚持不懈地研究与探索创新，创新的过程模式也历经各种演化与升级，然而，Rothwell 对创新过程演化的经典划分沿用至今，他把创新发展划分为五模型（见图 3-1）：模型一，显示了创新起源于科学发现，之后进入研发

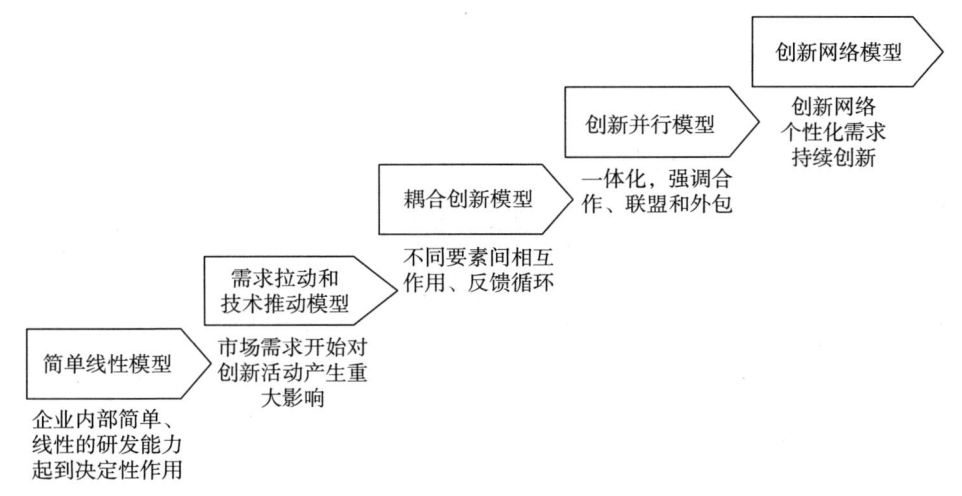

图 3-1 罗斯韦尔的创新发展模型

阶段,再到商业化的简单线性模型,在这个模型中起决定性作用的是组织内部简单、线性的研发能力。到 19 世纪 60 年代后期,市场需求的导向,将创新推入了需求拉动和技术推动模型,即模型二。Mowery 等验证了市场需求导向与市场反馈对创新活动产生的重大影响。然而,尽管市场需求导向带动创新发展,然而模式二仍然以组织为主体,依旧是封闭型。随着时代发展,经济全球化和竞争激烈化将联盟以及合作模式带入创新领域中,模型三的耦合创新模型和模型四的创新并行模型分别融入了联盟、合作及反馈循环和并行一体化的特征。有学者从组织资本、组织能力、产业组织理论、交易成本理论等角度论述了合作创新的原因及其合理性。随着合作创新的逐步发展,创新渐渐显现出网络化、系统化、集成化的特征,创新随即进入模型五,即创新网络模型。创新网络模型是建立在信息技术基础上的，由于大环境的限制，系统集成网络主要依靠组织构建起来的强联系网络，忽略了以普通大众为主体的社会网络。

事实上，图3-1是从创新过程的角度解释了众创空间产生的技术背景。笔者尝试从创新主体的变化角度诠释众创空间产生的背景或创新演变的趋势。按时代发展脉搏和创新主体的发展演绎，创新模式先后经历了封闭式创新、用户参与创新、开放式创新、专—业余爱好者创新和大众创新的发展之路，如图3-2所示。

图3-2 创新主体演变的技术路径

Hippel认为，封闭式创新已经无法满足顾客多样化、个性化的需求，企业不得不向用户咨询真实的顾客需求、以开发、完善创新意见，即用户参与式创新。并进一步明确用户的参与作用体现在觉察到某产品的新需求、给出建议性解决方案、建构并确定一种产品原型、对创新产品进行扩散。2003年，Chesbrough发现，一些著名实验室，如沃森实验室、萨尔诺夫实验室、帕洛阿尔托实验室，在封闭与高度集权的模式中获利能力逐渐下降，而且随着技术复杂程度的提高，这些实验室需要与同样具有技术优势的其他企业、大学和研究机构进行合作,这些都是用户参与创新的表现。Chesbrough 随后在其书籍《开放式创新:创建和得益于技术创新的新规则》中最早定义开放式创新。资源学派学者 Hastbacka 提出开放式创新是在投资、项目和生产过程中,组织综合使用内外部技术和创新思想进行技术转让、资产分派,信息反馈的过程。同样是资源学派学者的 West 等指出,开放式创新是组织有意融合内部创新能力、资本与外部可获得资本,共同开发市场机会的一种模式。Howe 进一步定义专—业余爱好者(The Pro – Am Innovation)为以专业标准创新的业余爱好者,即业余的爱好者成为专业的创新者。佩吉在其文章《差异性:多样性如何塑造更好的组织、公司、学校和社会》中提出业余爱好者是一群具有多样化优势的群体,比同质化的专家更具创新能力。这些业余爱好者通过大众化的创新工具与互联网沟通平台为他们自己进行创新。这些大众化的创新工具有开放源代码(Chesbrough 等,2006;Lichtenthaler,2008)、自由软件(Chesbrough 等,2008)、微观装配实验室(Fab Lab)(Chesbrough & Schwartz,2009)生活实验室(Living Lab)(Enkel 等;Chesbrough,2010),这些都是业余爱好者在社会实践中共同创新、参与创新的模式,这种模式完全打破传统的知识壁垒与信息壁垒,同时促进技术进步与应用创新共同演进(Lee 等,2011)。

针对封闭式创新,上述四种创新模式都打开门户,寻求提高突破式创新产品的研发效率,只是各自程度不同。用户参与式创新中领先用户只提供新产品的需求概念或给出已有产品改进的建议性解决方案，所起作用较弱，但却具备开创性意义，是封闭式创新走向开放式创新的关键里程碑。创新的关键还是依靠制造商自己依据收集到的需求信息提出解决方案信息，主要进行渐进式创新，偶尔有突破式创新。随着技术复杂程度的提高，制造商已经无法提供完备的开发方案信息，这时就某些研发环节有协议的合作开放式创新诞生。此时的创新产品仍有专利、协议等知识产权保护，只能是部分开放。随着互联网信息技术和创新工具大众化的发展，一些对专利等保护不满的技术爱好者开始在互联网上公开发布一些源代码，领先用户发现自己有能力研制新产品，而且比购买或委托生产的产品更满足需求，于是包括公司和个体消费者的领先用户开始为他们自己进行创新。随着创新民主化的深入，普通大众也逐渐掌握开发方案信息，于是众创模式来临。然而普通大众并不满足于只是开发创新，而是需要进一步把自己研发的新产品推向市场，从而获得超额收益（Gershenfeld），于是众创空间诞生。

可见，众创空间是社会竞争激烈化、互联网技术成熟化和顾客需求个性化等因素综合作用的结果，但众创空间出现的前提条件中，组织带来的竞争因素和顾客的需求导向都是长时间存在的，互联网技术成熟化推动的知识环境改变是最终促进众创空间出现和发展的本质性因素。表3-2进一步揭示出大众创新与其他创新类型在内的演进路线。

表 3-2　创新模式间的内容演进

模型	用户参与创新	开放式创新	专一业余爱好者创新	大众创新
创新主体	制造商	制造商、大学等科研机构	专一业余爱好者	大众
参与者	领先用户	供应商、领先用户、政府、私人实验室、竞争者等利益相关者	制造商、大学等科研机构、供应商、爱好者、政府、私人实验室、竞争者、用户	制造商、科研机构、供应商、用户、政府、私人实验室、竞争者、兴趣爱好者、潜在需求者
创新类型	渐进式创新	渐进式创新	渐进式与突破式创新	突破式创新
开放程度	环节点开放	协议式部分环节开放	相对开放式	完全开放式
关键资本	方案信息	方案信息	方案信息与需求信息	创新工具大众化
创新结果	产品改进	产品改进	产品改进与创新产品	创新产品并在利基市场创业

众创空间被视为大众创新的实体空间，是为创客提供工具、软件和工作间的地方，也是把创客与创客、创客与创意、创意与工具等连接起来形成的一个生态圈，是让各种创客、创意、工具、灵感等组合的可能性呈几何量级增加，大大提高创意、创新诞生和实现可能性的实体空间。

以上为众创空间产生的理论背景。事实上，众创空间的产生还具有浓厚的政治背景。众创空间是基于创客和创客空间的国内提法，尤其是出自于中国国家领导人讲话并且国家相关政策文件使用了这一词汇，李克强总理强调，建构面向普通大众的"众创空间"等创新创业服务平台有助于激发普通群众的创新活力、对增加就业等具有十分重要的意义，从而变得热潮起来（高博，2011）。

众创空间产生的技术环境的突破也是促使众创空间诞生

的关键推动因素。基于线上全球在线技术交流平台及开源软件的开放使用，与线下众创空间构建，使得创客认真探讨创新事业。创客团队首先通过线上众筹平台销售创意，获取启动资金，并全球在线会聚最优秀的人才共同碰撞与研发，加上线下众创空间所提供的硬件工具等环境的帮助，3D打印与开源硬件使创客可以低成本开发与制造小批量创新产品，使得创新成功率相比传统的试探性创新高出很多。

众创空间产生的历史背景。Farr研究发现，众创空间起源于20世纪90年代前后，1981年，创客空间的原型（混沌俱乐部）在德国柏林创建；1992年成立于波士顿的Lopht演变为"黑客空间"，为部分黑客提供线上线下的DIY设备；1995年成立于德国的C-base率先向民众开放。几年后，北美黑客在德国参加混沌电脑俱乐部（Chaos Communication Camp）时受到启发，"黑客空间"概念诞生（Maxigas）。于是线上线下的众创空间兴起。2001年，全球首家创客空间（Fab Lab）在美国麻省理工成立，又如同期成立的欧洲的Hackspace，美国的TechShop、Fab Lab、Makerspace、Noisebridge、NYC Resistor、HacDC，奥地利的Metalab等；2010年，创客空间登陆中国上海，本土化的名称为"新车间"；2015年，众创空间进入国家顶层设计；美国著名经济学家费尔普斯在其书籍《大繁荣》中提出多数创新是由千百万普通大众共同推动的。现在，中国著名的众创空间有上海新车间、深圳柴火、南京创客空间、北京创客空间、西湖创客汇、北方创客体验中心。互联网上的维基百科、MOOC教育、Arduino、Linux、Mbed、ElecSpark、SZDIY 开源平台等。

众创空间的现实背景：当前全国 5500 多家的众创空间，与 3200 余家的科技企业孵化器和 400 多家的企业加速器共同形成接递有序的创新创业孵化链条，2017 年当年，服务的创业团队和初创企业近 40 万家，带动就业超过 200 万人，实现了创新、创业、就业的有机结合与良性循环。

关于众创和众创空间的科学研究，国内处于初步阶段，目前理论文献逐渐增多，第一篇有关众创的论文是发表于《科学学与科学技术管理》2015 年第 2 期的"众创的概念模型及其理论解析"，是基于经济现象（不是基于领导人的说法）率先对众创这一经济活动做的初步探讨（刘志迎，2015）。

第二节 众创空间的内涵

查阅现有理论文献，有关"创客""创客空间"的文献较多，主要研究集中在近几年，在 EBSCO 上检索"makerspace"，有文献近 1167 篇。其中关于"众创空间"或"创客空间、创客社区"的概念：维基百科将众创空间定义为让来自于各领域的普通大众在寻找机会的同时保持社区适度开放、中立及正常运转。Kera 等指出，众创空间是创新领域出现的一种新型的公共参与创新的方式，该方式给破坏性创新提供新的途径。Lindtne 将上海创客的开源文化与深圳创客的"山寨文化"做了综合比照,最后与上海新车间李大维达成共识,把这种来自民间的分享、共创、自由开放与共同进步的创新空间叫作"众创空间"。推动众创空间全球化的旧金山众创空间 Noisebridge 初创者 Stern 和 Altman 把众创空间界定成普通大众能与其他成员合作,共同创造他们热爱物体的实体空间。Crumpton 则将众创空间描述为在木工房里运用计算机、科学与艺术来制作作品的实验过程。*Make Magazine* 的联合创始人 Honey 等认为,众创空间不仅仅是提供场地、工具等设备,而且是鼓励创客开展多种 DIY 活动的开放式、创造性的空间,旨在用"我能"思维培养创客。美国《创客杂志》定义为一个具备制造功能、交流功能、工作室功能和实验室功能的物理空间。英国智库 NESTA 则认为,众创空间可以提供一个免费或付费的开放空间以及一定的设施,任何人都可以到这里进行合作创造。因此,众创空间的实质是管理现有松散的创客群体,关注他们的商业价值。

付志勇认为,众创空间由合作社群、创意实践、开放资源和协作空间四个维度构成。李燕萍认为,现有的孵化器、创客空间是众创空间主要的两种业态,众创空间的本质是将创客的创新、创意、创造与分享,指向创业孵化。林润辉提出,众创空间是一种综合互联网与实体经济,通过实体空间达成知识分享与创新机制的空间。宋刚等借鉴了 Fab Lab 实验室的成长背景与成长路径,解析了 Fab Lab 对我国创客创新方式的启发与意义。徐思彦和李正风将创客活动与众创空间运行模式作为研究对象,采用研读文献与解析历史资料的方法，沿着创客运动的路径，提出众创空间并非正式组织，而是充分运用开源软件、开源硬件等共享技术来共同制造的空间。维基百科将"众创空间"定义为让来自于各领域的普通大众在寻找机会的同时保持社区适度开放、中立及正常运转。还有大多数相关文献都在描述图书馆众创空间及其作用。清华美院主任付志勇认为，"众创空间是一个实践平台，创客在该平台产生创意、建立合作、分享资源、共同实践"。宋述强等构建了众创空间的 iSMART 模型，其中包括兴趣利益、融合空间、跨界导师、创客活动、资源与设备六个方面。

国务院颁发的〔2015〕9号《关于发展众创空间推进大众创新创业的指导意见》中将众创空间描述为一个符合"互联网＋"时期创新创业需求和特点的，具有方便、成本低、全开放、全要素特点的创新创业服务平台。

表3-3 国内外学者关于众创空间的主要观点

提出人	年份	主要观点
维基百科		让来自于各领域的普通大众在寻找机会的同时保持社区适度开放、中立及正常运转
Kera 和 Smano	2012	众创空间是创新领域在新时代出现的一种新型公共参与创新的方式，该方式给破坏性创新活动提供新的途径
Lindtne 和 Li	2012	源于民间的开放、分享、快速迭代、共同改进的创新空间
林润辉	2013	众创空间是综合了互联网与实体经济，通过实体空间达成共同分享知识、共同创新的运行机制
Honey	2013	创客空间不仅仅是提供场地、工具等设备，而且是鼓励创客开展多种 DIY 活动的开放式、创造性的空间，旨在用"我能"思维培养创客

· 49 ·

续表

提出人	时间	主要观点
徐思彦和李正风	2014	众创空间并非正式组织,而是充分运用开源软件、开源硬件等共享技术来共同制造的空间
Altman	2014	普通大众能得到其他成员支持,共同创造他们热爱物体的实体空间
Crumpton	2015	在木工房里运用计算机、科学与艺术来制作作品的实验过程

综上所述,可从狭义和广义两个层面理解。狭义的众创空间指为创客提供备有加工设备及具有工作室功能的软硬件开放实验室,帮助创客把创意兑现成物品原型的开放空间。广义的众创空间指线上线下的自组织创新孵化器,包括为普通大众提供的线下工作空间、线上的网络空间、社交空间和资本共享空间等。众创空间的现有形式主要有创客空间、创业咖啡、创意中心、创客坊、创新工厂,甚至科技媒体等。近些年来,在北京、上海、深圳、武汉、南京、合肥、杭州、成都等地纷纷出现了各式各样的新型组织,如车库咖啡、创新工厂、3W咖啡、IT咖啡、创意工作坊、梦工厂、柴火空间、DIY车间、洋葱胶囊等,截至2017年底,全球众创空间已达数万家,而国内国家级众创空间达639家,全国共有众创空间数量5500余家。

上述众创空间的定义具有四方面的含义:

一、大众创新且全行业覆盖

美国最优秀的众创空间YC公布最新一期创新公司数据:共114家创新团队,其中女性合伙人占到总数的22%,也就是25家,有黑人合伙人的9家,有西班牙裔合伙人的6家。

最年轻的创新者只有 20 岁，最老的则 66 岁，平均年龄 30.27 岁。这些创新者共来自 18 个国家，有中、美、英等国，也有泰国、秘鲁、智利和哥伦比亚等国。他们创新的领域包含 IT、生物医疗、文化创意、智能硬件、先进制造、生物、航天和非营利性领域等。可见创新生态正多元化、全民化。我们可以从 YC 的转变中看出创新不仅仅是技术性创新，也不仅仅是男性工程师们的专利，创新领域也不再是纯 IT。同样地，在国内 36 氪众创空间中女性合伙人占到 45%。

全行业覆盖：维基百科里将"创客"界定为一群热爱技术、热衷实操的普通人群。而众创是大众参与、全民创新，做着从传统工艺到高科技的创新创业工作。比如，滴灌控制系统、土壤温度监测软件、植物向阳控制项目都是传统工艺数字化的创造。他们通过互联网联手创造着 DIY 的未来，覆盖面之广前所未见，足以产生革命性改变。从零售业到出版业等传统产业，都已遭遇这样深远的数字化变革。从开源软件到开源硬件，众创成员正在电子器件、科学工具、建筑、农业工具等各领域做着同样的变革。马厩中可追踪马匹进出的马匹管理器、家庭恒温器、生物实验室离心分离机、汽车变幻内饰、新型厨房用具、可根据日照光线与温度进行自控塑景窗帘、从军队小型无人机到家用智能电源插座……从国防高级研究计划局到大型组织到普通大众，人人都在创新创业。沃尔特·艾萨克森在他的作品《乔布斯传》中提出"个人力量的领域正在蓬勃发展，这样的力量可让个人实现自己的教育、找到自己的灵感、塑造自己的环境，与任何感兴趣的人分享自己的经历"。

二、准入门槛低

一是生产工具和发明工具大众化,不管谁有新点子,都可凭借某些软件代码将想法变成产品。只要可在电脑上完成,就意味着人人可参与,轻击鼠标,完成创新,甚至于建立工厂,将产品"运送"到拥有数十亿潜在客户的全球市场。

二是低成本获取,不仅普通大众获取创新工具箱的成本低于创新收益,而且可以非常便利地从各类创新平台低成本获取,低成本实现从传统手工艺品到高科技创新产品或设计。

三是对个体能力要求降低,因为普通大众可以便捷获取创新工具箱等创新资本,进行转移、应用,这就使得创新不再只是公司和专业人士的领域。例如,普通大众可使用AutoCAD等桌面工具设计心仪物品的模型,还可利用"制作"选项,选择"本地打印"或"全球打印"(将三维设计图发送给专业服务商,批量制造)。普通大众也可点击鼠标,建立工厂;业余爱好者与企业家间的区别只是数量上的区别,即制作1件还是10000件(Anderson,2013)。

三、在线分享

计算机体现并放大了人类的创新潜力,互联网将人类的创新力量通过社区和市场快速传播,形成新时代的创新文化。事实上,互联网成功在线分享的核心机密就是开源创新,开源使得大众付出少许、获得更多。大众通过互联网在线分享,互相激发灵感、寻求合作新方式,将各自为政迅速变为携手前进,将虚拟世界的创新及合作方式逐渐应用于现实世界,共同创新创业。

四、数字化革命

任何原子世界的实物都可以和网络世界的比特联系起来,重新设计和生产,这将是令人振奋和无法想象的新工业革命。这些创新创造将使人们生产效率与生活水平发生质的飞跃,而这就是新工业革命的到来标志(Anderson,2013)。William Rosen 在其著作《世界上最有力的创意》中描述:工业革命首先是一场创新的革命,不仅创新发明的数量迅速增加,而且创新发明的流程本身也发生了革命性改变。也有学者提出当且仅当创新革命深入第一、第二产业时,才能有大规模的产业进步。实际上,众创本身正是发明创新与实干间的一场数字化革命,这场革命已经成为真实世界的核心部分,不仅覆盖了虚拟产业,而且也渗透实体产业;这场革命不仅极大地提升人们的生产效率与生活水平,还渗透进第一、第二与第三产业;这场革命改变了人类社会的基因,将全世界的创新与车间、工坊联系起来,极大提升将创新和发明实物化与商业化的能力,或者极大地缩短了从创新到创业的距离。而这,或许将对现有的商业模式发起革命性挑战。可见,正在迅速改变我们这个时代的主角就是我们自己。

第三节 众创空间创客合作研究

创客指那些喜欢自己动手，通过创造与分享将想法变为现实的行动者，他们重视创新、实践与共享。创客个体的创新行为是组织创新的出发点，是组织获得创新动力、保持竞争力的主要源泉。因此，国内外很多学者对创客行为的前因进行了研究，不仅分析了环境因素或个体特质因素对创新行为的直接影响，还将这些因素分为组织、团队、个人层次，研究其影响个体创新行为的交互机制。该视角是基于个体与组织环境交互影响视角，研究关注的是关系互动，较少关注个体本身的能动性以及由自身能动性引发的意愿选择，难以深入地解释个体积极行为的内在动力因素。

关于"创客合作"的研究。在众创空间的概念基础上，也有一些学者探讨了创客的创新行为及合作关系。刘志迎等详细分析了众创空间创客创新的合作过程。徐思彦、李正风等通过参与式观察创客活动及创客空间运行模式，详细阐述了众创空间的运行模式与创客合作的特征。余天野等基于创新创业系统对众创空间与小微企业、地方产业之间的合作进行了研究。康继军和孙彩虹提出，众创空间的创客合作带来的三大优势：缩短了冗杂的创新链条，精巧地处理了在创新过程当中发生的融资问题，为经济增长释放了更为强劲的动力。Silver Lindtner 从中国第一创客空间的建立去论证创客与制造商间的合作。徐广林等认为，创客合作注重创意和实现，通常是基于创客乐趣和自我实现的需要，主张建立非正式的合作网络来共享学习、探索新技术、新领域的工作方式。他还认为创客合作不仅能推动社会创新，同时也直接对经济产生作用。陈凤等基于杭州梦想小镇众创空间的特征、结构与机制，分析众创空间绩效提升路径。王佑美等分析了众创空间在创新创意转化、创业创造孵化、创新学习实践等方面的跨界式、分享式的创客合作。在创客合作视角中，创客、研究者、学习者、用户、企业等参与者通过众创空间相互合作，实现知识的获取和分享，创意产品的展示和出售。

综上所述，从研究内容上看，现有众创空间的研究主要集中在众创空间宏观运作层面，很少有研究关注创客自身，研究众创空间内部创客团队是如何合作产生创新绩效的。从研究方法上看，众创空间在中国的实践时间短，苑囿于视角、方法、区域等因素难以对诸多问题进行统一梳理，这使得目前学界对众创的动因、合作路径及效果等研究仍处于起步阶段。从研究对象上看，已有文献较多关注于众创空间政策体系和创客伙伴知识转化，描述并解释众创空间中的创客团队创新合作历程的研究仍显匮乏。

第四节 众创空间分类模式

根据 Crawford 的自上而下模型，Webb 把集中、分散作横坐标，自发、组织作纵坐标，得到合作研发激励模型。本文在此模型基础上得出众创空间的分类，如图 3-3 所示。

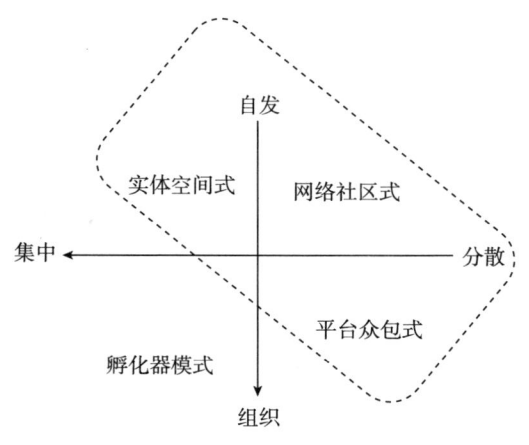

图 3-3 众创空间分类

图 3-3 根据众创活动不同的内在运行过程不同，把众创空间划分为网络社区式、平台众包式与实体空间式，而孵化器模式是传统的以创业孵化为主的模式，不作为文章研究对象，不加以论述。

一、网络社区式和平台众包式众创空间

网络社区式众创空间是分布在全球各地的普通大众通过互联网社区在线互动合作。平台众包式众创空间也是通过网络平台向大众公开征集创新解决方案，公开对创新方案进行投票或选拔，最终被投票选出的方案将有报酬。平台众包式的长处主要体现在能充分激发普通大众的智慧，降低创新成本，提高创新效率；劣势是松散、边界模糊，创新者比较分散。建立在互联网平台上的网络社区式众创空间和平台众包式众创空间，体现出松散、模糊的创新方式。出于采集数据与研究结论有效性的考虑，本书主要以实体空间式众创空间为研究对象。

二、实体空间式众创空间

实体空间式众创空间是将当地的创客通过各种活动召集到一起，共同体验创作乐趣，这些活动可依据不同爱好制定主题讨论日、技术交流大会、制作工坊等。实体空间式的优势在于面对面互动，这种互动使创客能高效地进行知识转移，尤其是隐性知识的转移利用。实体空间现有的管理模式有发起人亲自管理模式，有管理委员会模式，几乎都不以营利为目的，其创新过程如图3-4所示。

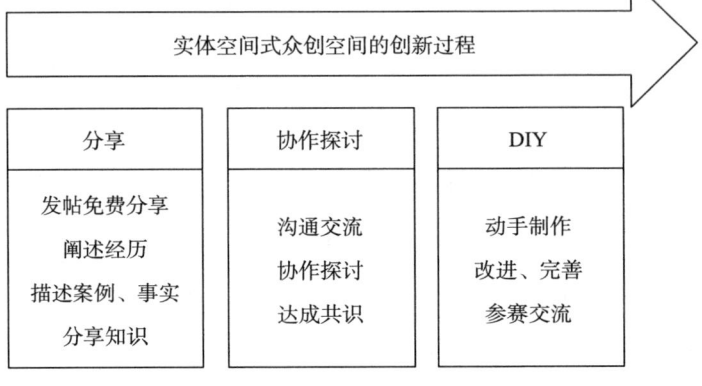

图 3-4 实体空间式众创空间的创新过程

第五节 众创空间的发展环境

一、专利开放提供平台

（一）专利开放提供平台

全球各国专利法的初衷都是在限定时间内保护发明者的合法权益,并享有保护垄断权。为此,人们在发明创造后,开始漫长的专利申请与审批过程。部分专利在获批后投放市场获得专利权使用费,而绝大多数专利,一是由于发明人习惯于在工作室里孜孜不倦地工作,没有机会将发明投入市场。二是商业化道路曲折困难,即便有生产商愿意合作将创新发明推向市场,由于受生产资料所有制的限制,最终使得发明者失去对创新发明的控制权。或是自己开办工厂来生产，此举面临专利被侵权、筹集资金、管理工厂等诸多困难。电影《灵光乍现》讲述了一个发明人自己开工厂推广其发明的间歇式汽车雨刮器，最后专利被侵权、工厂夭折、漫长诉讼与发明人精神失常的故事（Anderson，2013）。众创的全球在线公开分享，不在任何专利保护之下。通过知识共享与开源，创造群体坚信他们可借此得到免费帮助，可在改进、推广等方面获得反馈与帮助，还可能获得社会资本的青睐，也就是从分享中获得的东西多于自己的付出。这种开源创新环境中发展而来的产品，尽管不受专利法的保护，但更有机会在商业中获得成功。我们耳熟能详的"山寨"，其实就是开源在中国的终极版本，没有知识产权，只有商业成功。

（二）收获比专利保护更多的惊喜

基于开源软硬件的创新发明，相比专利保护下的创新发明更能体现集体智慧创新，因而速度更快、质量更高、成本更低。只要社区激励得当，传统公司中某些成本高昂的功能也可免费实现，这比雇用工程师费用低廉得多。而且任何一个在未商业化时已经聚合了社区群体的产品，已经证明其自身的成功与价值，这是专利做不到的，这可以为公司带来不可估量的经济回报（远远大于专利使用费）（Anderson，2013）。

（三）专利开放与众包提供创新平台

不仅如此，开源社区成员参与的范围包括研发、产品文件、营销、支持等。由于是参与到自己需要或喜爱产品的创造当中，自发无偿贡献吸引更多人才加入，研发成果被更多人了解，由此形成良性循环，创新进程远远高于现在的研发模式。《灵光乍现》里雨刮器的故事放在今天这个众创年代，主人公可以全球范围内找一家公司生产雨刮器的电子元件，另外找一家生产外壳，之后再找一家进行定制装配，成品可以直接送到客户手中（Anderson，2013）。众包方式使整个过程快捷便利，历时数月，大公司来不及盗用，也不用进行主人公那些无谓的斗争了。

二、消费思想与行为模式促使成长

（一）消费思想的变化

过去人们选择产品局限于三个来源：

（1）产品达到一定消费规模，生产商有利可图、愿意生产；

（2）产品达到一定消费规模，零售商愿意进行销售；

（3）产品达到一定消费规模，消费者能在市场上找到。

然而，现在的人们可以不受广告与身边实体产品影响，去互联网搜索自己能想到的产品；也就是不再依赖实体零售店的推广来搜寻消费小众产品。

（二）消费行为的变化

在今天的移动互联网时代，无论是竞争结构，还是消费者行为模式，都发生突破性改变。之前的三种经典营销理念，即：以满足市场需求为目标的4P理论，以追求顾客满意为目标的4C理论，以建立顾客忠诚为目标的4R理论，都或多或少与今天存在脱节现象。科利·多克托罗在其著作

《创客》中指出："通用电气、壳牌石油以及沃尔玛等大公司时代已然终结。无数崭新的创新机会等着有创意的达人去发现、去探索。"（Doctorow，2009）如果3D打印机像现在的普通打印机一样进入寻常百姓家，那么巨头垄断时代一去不复返，大众市场进入微市场（Anderson，2013），产品进入微品牌。而上述三种针对大公司的经典营销理念将与基础一起崩塌。笔者认为，在微营销时代里，营销理念可能只需要创新（Innovation）、沟通（Communication）与体验（Experience），即ICE理论。

（三）宣传行为的变化

互联网提供了能满足所有人需求的方式，互联网革命的真正意义不在于为人们提供更多选择、购买更多产品，而在于众创，在于我们能制造自己的产品供他人使用。重资产与分销渠道不再是障碍，新创企业不用再走从本地市场起步，慢慢积累后再扩展到国际市场的套路，最后发现缺乏全球竞争力。而是从诞生之日起，就参与国际市场竞争，随着全球影响力的加强，再扩大到本地市场。与过去完全相反的营销路径，颠覆了初创企业营销理论中的"点规模渗透"。除了将营销渠道从先点渗透再逐渐扩散走向先扩散再逐渐渗透外，开源社区本身就是最好的营销渠道，在设计、调试、生产阶段同时渗透着营销。如果人们聚在一起就是为了欣赏、参与有价值的东西，那么在社区中所做的一切都是营销决策的一部分，对大家热爱的产品喋喋不休就不是广告，而是满意！

三、制造业变化创造条件

(一) 生产资料变为承租制

过去生产流水线上的工人,没有任何创造性、没有任何自主性,反而受流水线这个生产工具控制。众创改变了这一切、释放了人的创造本能。互联网赋予大众利用大型工厂按需制造产品能力的同时,使得生产流水线、资本这些重资产为人所利用,被人控制(Anderson,2013)。这时,生产资料不再是所有制,而是承租制。制造业也不再单属于第二产业,而是"云服务"机构,兼具二、三产业特征。

(二) 自动化制造创造条件

已有的数字化设备有 3D 扫描仪、3D 打印机、数控机床、激光切割机、激光雕刻机等,这些设备可以用数字化的方式制造任何产品。现在已经能用 3D 打印机打印混凝土楼房、打印电子产品、用惰性材料打印内脏,未来医生可以在手术室里直接用金属钛打印骨头,用干细胞打印能形成自己血管和内部结构的脏器。我们可以打印出自己的晚餐,也可用 3D 扫描仪与 3D 打印机打印自己的头部来做摇头玩偶;只要你愿意,你还可以在出差前打印一个自己的蜡像来陪伴孩子。至此,小到生物分子层级、大至房屋、桥梁等各规模产品都可 3D 打印(Anderson,2013),产品种类障碍消失。

(三) 全球在线制造

由于互联网、开源软硬件与数控机床等数字驱动工具的应用,使得自动化生产增加了灵活性与产品可定制性,使得小订单生产与大批量生产难易程度相似，使得在线全球制造得以实现。全球在线制造小批量产品，打破了传统工业制造的规模效应，使得创客关注的小众产品、小批量商品获得打破生产死螺旋的解决之道。小批量全球定制产品的实现，使得生产成本更低，使得更具有特性的小型客户满意度更高，所面临的竞争程度更低。全球在线制造是传统制造业企业与网络创业的混合基因：既有软件产业的增长速度，又有硬件产业的盈利能力。

（四）实现按需制造

Gershenfeld 在其著作中预言：大众化产品将逐步消失，人类即将进入个人制造时代（Gershenfeld）。现在品质独特的精品、专属性产品都花费不菲。如定制珠宝到定制礼服，都是富人的专享。众创带来数字化革命后，复杂性与质量不会增加任何成本（就如现在的打印机打印若干直线和打印蒙娜丽莎像的原理一样），同时还能缩短生产周期，也就是个性化制造成本没有任何提高（Anderson，2013）。你到超市买有个性化糖衣的蛋糕与制作完全相同糖衣的蛋糕同样迅速，都是由机器臂完成，而且更有价值。按需设计、按需生产，实现个人制造。传统的重复制造与标准化被个性化、定制化代替。大规模生产时产品越复杂，更改成本越大，前期设备投入越多，越规模经济；而个人数字化制造正好相反，变化、复杂性、质量、灵活性无须花费，当然，此时生产一百万件产品较大规模生产时间成本急剧上升。

四、文化观念成为永动机

（1）在众创时代，人们的价值观不再是一成不变，而是说变就变，变得不留一点痕迹。比如硬件软件化，DIY文化中人们要创造，首先在图纸或电脑上画出设计图，然后在工作室中制作模型。加上互联网文化后，实体的产品首先在屏幕上创造出来，如苹果产品的钛板、玻璃面板等都是事先在电脑屏幕上诞生的。电脑、数字信息、互联网与DIY的人们组合在一起可以大众共同设计，可全球在线无限次分享，重新混合和设计，免费共享，使得原子世界进入比特世界，越来越多地按比特的方式运作，即产品只是比特数字化的创意和表达，硬件只是产品的原子材料表现形式。类似价值观念，人们轻松接受并转换，没一点难度。

（2）"一切稳固的东西都将烟消云散"（Marx & Engels）马克思在《共产党宣言》中的这句话恰如其分地描述了众创对文化的挑战。当DIY文化遭遇网络文化，整个未来充满不确定性且快速变化着。意大利建筑史学家马里奥·卡普在其著作《字母与算法》中提出变化是DIY的标签（Anderson）。而比特世界的黄金法则就是变化。互联网博大精深，使得每个人看到接触到的互联网都不相同。网络零售商都会根据每个人的喜好对页面进行重新安排，即使是内容相同的网页，页面广告也会有所不同，由软件评估我们的历史浏览行为并预测未来可能行动后有选择地进行推广。在使用谷歌与百度时，即使搜索相同字符串，也会因为个人搜索历史不同而得到不同搜索结果

（Anderson）。变化正是数字世界里的财富密码。算法、软件、硬件和数字化工具逐渐成为设计进程的驱动因素，人工负责设计出轮廓或者用3D扫描仪扫描出轮廓，细节与变化交付给编码视材料特性与制造效率而变形、变化。

（3）重新组合的文化成为推动发展的"永动机"。大众创新发源于DIY文化、车库文化、黑客文化（Farr）与反主流文化（Maxigas），这些文化基因重新塑造着生产领域与硬件领域的新型创新模式：普通大众无须从零开始发明创造或必须拥有原创的创意，只需对现有创意或设计进行改进就行，这使得参与门槛大大降低；人们在一起探索某一产品的各种可能性变化，在探索中不断改进，然后以任何个人或单一公司无法企及的速度将产品推广、普及。产品竞争取胜的不再是成本，而是时间。建筑设计师雷戈·林恩在99把茶壶项目中首先使用CAD软件设计出一把茶壶，然后通过软件重新组合产生另98把茶壶。每把茶壶都制作成碳质模型、内部涂以金属钛，这样每把茶壶都是独一无二、与众不同的，这些茶壶的艺术性远远超过实用性（Hurst & Lusardi，2012）。

第六节 本章小结

本章先后定义了创客与众创空间。对于创客的定义，主要参考了国内外对创客的定义，最后得出创客广义与狭义的定义。并简明扼要地介绍了创客运动,其实创客运动就是人人都是创客的时代。

本章重点是界定众创空间,主要介绍了众创空间的产生背景、众创空间的定义、特征、分类及实践意义。首先,阐述了从封闭式创新到大众创新的创客运动时代所经历的技术路线图及内容演进关系。其次,通过已有文献对"众创"的翻译,准确推导出众创空间的定义;并详细分析了该定义包含的四个特征。再次,通过对众创空间的分类,界定了文章具体的研究对象。最后,对众创空间带来的挑战进行了阐述,更加详细地阐明了研究众创空间的实践意义。因此,本章对创客和众创空间的界定,不仅为本书界定了研究对象,而且也为后续章节指明方向。

本章的创新点在于界定了"众创空间",并依据 Crawford 的自上而下模型和 Webb 的研发激励模型,作出众创空间的分类图。

第四章 基于众创空间案例的创客合作网络研究框架构建

2015年,社会各界普遍关注"万众创新"(科技部)。众创空间及广大创客作为推动万众创新的主体,也引起广大学者的关注。在人人都是创客的新背景下,万众创新绩效及其前导因素成为理论界和实践界关注的焦点。众创空间合作网络会影响到大众的创新项目、创新模式与创新绩效。创客要依靠众创空间来建构自己的合作网络。合作网络不仅能为创客提供创新所需的知识信息和资本,而且还为创客带来快乐、分享与成就等情感体验。关于合作网络对创新绩效的影响,学者们已经达成广泛共识,但合作网络对松散的创客群体的创新绩效影响如何,还有待进一步验证。因此,本章在学者们已有研究基础上,结合众创空间的特殊情况构建创客合作网络的研究框架,以期为众创空间研究做出理论指引。本章首先通过对国内创客先行者进行深度访谈,然后在梳理现有文献基础上基于社会网络理论厘清众创空间合作网络研

创客合作网络

究的脉络，根据扎根理论分析法所主导的遵从现有数据与资料来构建理论研究的核心思想，从合作网络的结构、资本和关系三个视角提出众创空间创新研究整合框架，并分析预测未来研究众创空间可关注的重点问题，以供后续相关研究参考。

第一节 样本选择

Eisenhardt等指出，样本选择最好按照典型性和理论性原则进行选择。因此，文章选择上海新车间作为案例研究对象。案例选择过程主要分为三个阶段：

第一阶段，通过网络搜查，筛查出国内较有名气，处于领先地位的众创空间，分别实地考察验证并获取第一手资料。

第二阶段，在众多有名望的众创空间中，上海新车间不仅建立时间最长，而且拥有国际化的创客群体，同时其创始人被尊称为"创客教父"，在创客界有较强的影响力。本书调查并访谈了全国近十家创客空间创始人，各创始人对创客合作与创新绩效的理解大同小异，关键是各创始人的访谈资料中仅新车间创客教父李大维的资料信息最全面，最能体现出研究目的，因此，本章选取新车间创始人访谈资料作为扎根理论数据来源。

第三阶段,笔者与团队成员对上海新车间创客及其他管理者进行面对面访谈,深入了解众创空间成立情况、运行状况、重大历程,以及各创客对创客间合作的认知。为了增加研究信度,受访对象力求处于不同职位,以便研究的全面性。

第二节 案例介绍

成立于 2010 年 10 月的上海新车间,是国内第一家实体型众创空间,是将开源软件与现实结合起来的实体空间,也是向各类爱好者们开放的配有基本 DIY 设备的线下空间。在上海新车间,创客们不仅可以一起拆装各种硬件,还可共同 DIY 一些产品。众创空间创始人本身也是资深创客,在 DIY 过程中不满足自己独自创新,于是创办一个空间,邀请吸引众多创客共同创新。在上海新车间,还根据创客需求不定期举办各种主题的研讨会、培训班与学习工坊等。在新车间,爱好者们 DIY 的作品或项目还可得到融资等支持。

2012 年的"AFRON 10 美元机器人挑战赛",冠军和季军均是来自世界名校哈佛与麻省理工的团队。而来自上海新车间的孙维泽团队仅仅是中学生,他们凭借兴趣 DIY 的群体性机器人获得挑战赛亚军,并因此进入清华大学工业工程系进行机器人电路设计的课程指导。创客的原动力来自对动手

创客合作网络

制作的热爱，众创空间给大众机会分享对 DIY 的热爱，分享创作中的快乐，分享灵感及对新机会的探索。

本章关注上海新车间创办以来创客合作情况及已经合作成功的创业者经历。首先，广泛采访了正在新车间进行创造的中外创客，并对部分资深创客与创始人进行了深度访谈。其次，在创始人的支持与号召下对新车间现有的 100 多位资深创客进行合作视角方面的问卷调查，也对普通的会员发放问卷。最终得到可供编码的大量一手资料。

第三节 案例研究与扎根理论研究法

扎根理论是社会学者 Clasert 和 Strauss 于 1967 年提出的一种较为新颖、严谨的科学研究方法。两位学者认为，扎根理论是在自然环境下，通过开放性访谈、文献分析、参与式观察等对社会现象提炼、构建、概括出理论命题的方法。扎根理论的核心是比较，自下而上地，从原始资料出发，不断地对资料与理论进行对比然后根据资料与理论间的相关关系提炼出有关类属及其属性，提出者将这个过程称为编码，即将资料加以分解，赋予概念，再抽象升华、综合、聚焦；其目的是从理论层次上描述现象的本质与意义，从而构建一个适合的理论。

扎根理论被认为是定性研究方法中最科学的一种，是在经验基础上建立理论，研究者直接从实际观察入手，从原始资料中进行经验概括，然后上升到理论。案例研究可以有理论框架或假设。探索性案例遵循的正是扎根理论的原理。

扎根理论的分析过程化主要包括以下步骤：初始编码、聚焦编码与组织理论。初始编码是对初始资料进行分类、比较和整合，以形成较强概括性的概念。具体而言，是对最初的数据片段（每个词、句子或片段）贴上标签、命名、分类并概括说明。聚焦编码是在初始编码特征基础上进行合并分类，即用最重要或最频繁的初始代码来概括、综合与整合大部分数据。理论组织是进一步完善分类，并寻找其中的依赖关系；也就是将聚焦编码形成的类属进一步形成亚类属，使类属的属性和维度具体化。总的来说，扎根理论研究方法是将资料打散，赋予概念，再重新以新的方式组合起来的操作化过程，更加尊重事实或现象本身。

第四节　数据采集

本章在数据采集过程中为确保案例研究的效度，使用了相互补充、交叉验证的方法和途径，主要有半结构化访谈、实地考察、二手资料、非正式交流等。

一、半结构化访谈

针对空间不同层次的创客（创始人、管理层、创客）拟定了半结构化深度访谈大纲，而且每访谈结束后都会及时修改调整优化大纲内容。访谈过程严谨规范，每次由笔者主问，团队成员进行录音、补充提问及现场控制。每次访谈结束后，团队成员力求当天或者两天之内回放整理访谈录音，必要时展开讨论，对空间创始人、管理层与创客所谈内容不一致的地方进行重点记录，并在后续访谈或现场考察中确认与完善。

二、实地考察

团队成员多次往返于上海新车间，每次实地访谈的创客都不一样，而且现场观察创客朋友们的各种创新创意的制作与演示，并有幸参加了他们的研讨会，接触到创客所使用的、能打印骨骼的、艺术品的、零配件的与普通模型的3D打印机。在实地考察中，团队成员也产生了浓厚兴趣，立志今后成为一名创客，享受DIY的无穷乐趣。

去上海新车间多次，然而始终没有遇到创始人李大维，不想却在西湖创客汇上遇到李大维。在对李大维进行亲切访谈后，李大维邀请我们参观深圳开放创新实验室，他全力运作的又一个国际化众创空间。在得到李大维的支持后，问卷的发放与回收，及对其他众创空间的访谈就顺利很多。

三、二手资料

通过各大创客平台、创新网站、新闻媒体、门户网站等收集关于李大维在众创空间创客合作方面的经典名句与精辟分析。具体的有电子发烧友网,新华网,搜狐网,新浪网,网易,深圳新闻网,凤凰财经网,东方财富网,环球网,IT业界,人民网,李大维的博客、论坛,创新网,CREATIVE官方网,物联网,www.arduino.cn,Fablab China.com,Maker Studios.com……

通过以上途径采集的信息保证了数据来源的多样化,并通过数据间的补充和交叉检验,有效地提升了研究案例的效度。

第五节 数据编码

本书选取国内首家实体型众创空间——上海新车间的创始人及其中的部分中外创客进行了深度访谈。根据扎根理论的基本思想,本章围绕创客合作角度对访谈语句进行初级编码和聚焦编码。通过解析初级编码与聚焦编码,提炼出创客合作网络的多个维度,最终决定围绕以下三个视角进行系统归纳,具体如表4-1所示。

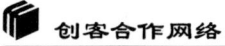

表4-1 创客合作网络内部变量研究编码

研究视角	描述	初级编码	聚焦编码	相关编码
结构视角	你在家里网络上看到的只是以自己的角度来看 做一个比买的要好,同时我享受了这个过程 创客空间还不成熟	创客思维 做且享受 合作不成熟	合作思维 合作初期	交流平台、 创作平台、 合作起点、 自组织
	通过研讨、项目、竞赛等促进合作 合作买工具	促进合作 合买工具	合作方式	
	中国创客在国际化道路上首先需要建立走出去的信心	国际化	合作趋势	
	从单纯玩到一定规模,并通过开源与众筹来创新	创新历程	合作途径	
	网络交流,能完成小事。有效协作还得面对面 车间其他创客告诉一些即可快速提升	面对面交流 快速提升	合作结构	
资本视角	2014年,推动创客运动快速升级的三个因素:开源、3D打印和众筹	低成本创新	合作环境	地方特色、 底层资本、 高层资本、 时间保证、 场地保证、 开源支持、 合作条件、 众筹平台
	国内创客的设计和生产能力达一流水平、供应链资本丰富	合作生态		
	在于Arduino,图纸和设计、电路板配套软件都不用付费可以下载	开源平台		
	新山寨让人窥觑中国民间创新的巨大潜能与爆发力	草根创新	合作背景	
	版权和专利是一个政府的手段,现在是只要我写下的东西,不管我有没有申请,我已经拥有	专利后时代 或大众版权		
	来自不同背景的人,各自把兴趣爱好贡献出来,创造一些新的东西 创客是一个真正将创意兑现为实物的人,是脚踏实地的去做东西的人,这是最重要的特质 上海的地理位置使得新车间可接受国际创客	不同背景 创客特质 国际创客	异质性	
	创客间互相分享灵感,合作项目,颠覆想象,改变人生轨迹 创客运动使个人拥有控制生产资料的能力	改变人生 控制能力	合作成果	

续表

研究视角	描述	初级编码	聚焦编码	相关编码
关系视角	相比一人在家DIY，到空间一起做事感觉很棒（空间本身就代表了合作） 大家合作感觉实在，与做的物品一样真实存在 一大批人做一件事情更好更快 网上确实有很多资料，可是没有办法手把手直观地帮你	有意思，感觉很棒真实存在更好更快直观	合作感觉	合作生态、合作难度、利益分配、合作机遇
	中国环境下很多人不遵守开源协议	规则问题	合作规则	
	我们关注的是规模只有数千人的小众市场 创客的小众物品会逐渐向大众物品方向演化	小众市场空间巨大	合作目标	
	大家只是说合作 自发合作、松散合作	只在口中自发松散	弱连接	
	线下合作增进感情、增进信任 从兴趣爱好到事业	感情信任发展趋势	合作强度	

注：根据访谈录音整理而成。

通过初级编码得到190个不重复变量。这190个变量很多非常相似，如合作感觉由4个变量描述。再如合作工具中有开源硬件，开源软件，开源硬件与山寨、开源授权、自由分享，开源解放创新精神、放大创意、打破制造业壁垒等。再如合作成果除改变人生、拥有控制能力外还有专注利基产品、贡献创新、改变工业面貌，实现想法等，限于篇幅不再一一列举。

在聚焦编码时，发现初级编码源自创客访谈语句，话题比较宽泛，无法聚焦所有初级编码。为此，笔者从社会网络理论出发，重点关注合作网络本身相关的编码，如合作强度、合作结构、合作工具等，其他编码则比较分散。最终通过选择性提炼，得到15个与合作网络紧密相连的聚焦编码，分别是合作感觉、合作规则、合作目标、弱连接、合作强度、合作思维、合作初期、合作方式、合作趋势、合作途径、合作结构、合作环境、合作背景、异质性与合作成果。其中弱连接、合作强度、合作结构与异质性是与社会网络理论十分吻合的编码。本章就这几个编码之间的内在逻辑及与它们相关的编码，构建了研究框架。即把创客合作网络的研究视角归为结构、资本和关系视角。如表4-1所示，每个研究视角都包括了初级编码、聚焦编码与相关编码，常无重复交叉编码。

第六节 研究梳理

如表4-1所示，根据访谈内容本身提炼出结构、资本和关系视角，对创客合作网络进行脉络梳理。其中，结构视角的研究涉及合作思维、合作初期、合作方式、合作趋势、合作路径、合作结构6个聚焦编码；关系视角的研究涉及合作感觉、合作规则、合作目标、弱连接与合作强度5个聚焦编码；资本视角的研究涉及合作环境、合作创新、合作工具、合作背景、异质性、合作成果6个聚焦编码。

一、网络结构视角

网络结构视角下的创客合作体现在创新伙伴的寻找。即创客首先得打破自己独自闭门 DIY 的思维模式，独自在家里、在网络上看到的只是自己的角度，而在兴趣前提下聚集到空间的线下创客群，充分交流无疑增大了创新的可能性。初到众创空间，大家彼此都不认识，此时通过开展研讨、项目路演、创客竞赛等活动促进大家的交流合作。事实表明，网络交流仅能完成小事；有效协作还需要面对面交流。当大家的合作从单纯的玩发展到一定规模后，可通过开源与众筹等平台来实现创新。如图 4-1 所示。

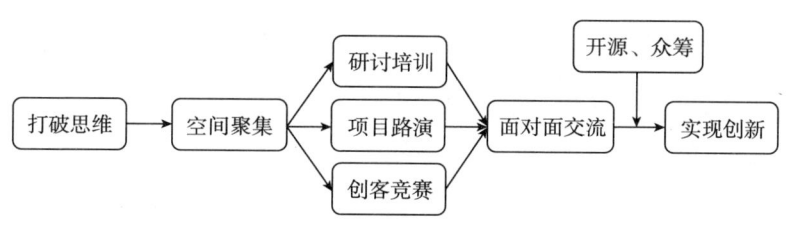

图 4-1　结构视角下的合作网络研究框架

事实上，创客只有到众创空间聚集后才能形成连接网络或合作网络，而创客与创客之间的具体连接情况可用网络结构洞来描述。结构洞是合作网络中两个节点间的非重复连接（Jiang，2010）。如图 4-2 所示为众创空间 1 位管理者与 4 位创客间形成的网络结构，其中实线表示两个体间直接联系，而虚线表示结构洞（Burt，2010）。结构洞的意义在于带来不重复的信息与知识。Zaheer 曾指出，网络结构洞显著影响团队创造力。Soda 等发现，当前网络结构洞对创新绩效有显著正向作用。

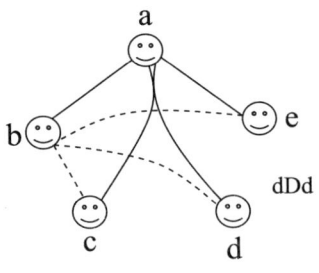

图 4-2 结构洞

如图 4-2 所示，管理者 a 与四位创客 b、c、d、e 均有联系，而创客 b 初到空间，与其他创客 c、d、e 均不认识，b 有任何信息传递给其他任何创客，只能通过管理员 a 中转，此时 b 富含结构洞，此合作网络至少拥有三个结构洞位置。可见，合作网络拥有的结构洞数量越多，成员能获得的信息、知识、资本与权力越多，享有结构洞带来的信息优势与控制优势越明显。但创新的独特之处在于，创新成果更多的是集体智慧的结晶，所以需要集体的力量，而结构洞的存在显然不利于提升创新绩效。当且仅当结构洞消失，5 位创客面对面交流，才可能相互碰撞、共同努力，最大程度地实现创新。

Burt 基于金融体系内的银行家网络，发现结构洞在建立后会迅速衰减。同样，Buam 等研究加拿大投行组织内的认购网络时，也发现结构洞建立后会随时间减弱。总之，合作网络的结构洞视角发现，创新创造远不同于 Burt 提出的"找工作"，不只简单需求不重复的信息，而是需要结构洞带来不重复信息后能及时加强联系，使创客能有效利用、挖掘这些不重复信息，达最优化利用。

二、网络关系视角

网络关系视角下的创客间合作具体表现为知识转移的效率。即创客来到众创空间结交其他创客之后，能否进一步合作，能否共同组建创新团队，这取决于初期合作时的合作感觉、合作目标、合作规则情况，及彼此之间连接的强弱程度。如图4-3所示。

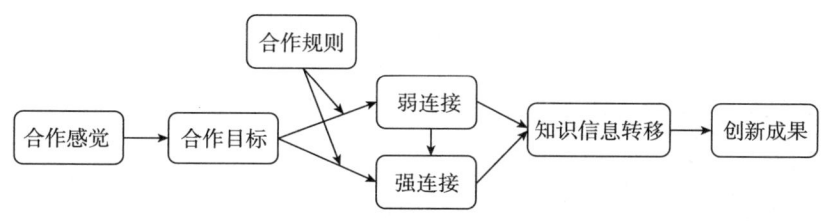

图4-3 关系视角下的创客合作网络研究框架

关系视角下的创客合作研究注重关系的强弱。创客之间建立起初步联系时，彼此的合作感觉会影响大家是否进一步加强联系。如果合作感觉良好，那么彼此就会形成共同创造作品的目标。在作品制作过程中，大家进一步加强了解，了解到各自的技术能力大小、规则执行情况及性格爱好等，如果能继续增进感情与信任，则会建立强连接进行深度知识转移合作，加快实现创新成果，从兴趣爱好演绎成共同的事业；否则，只会维持弱连接，只进行简单、少量的信息转移，这些信息转移可能也有利于实现创新成果，也有可能作用微弱。总之，关系视角下的创客是基于彼此对创新的内在需求、相互吸引而聚在一起。当他们克服困难从弱关系发展到强关系时，远比传统创新创业团队更持久。传统团队基于发起人个人资源平台，所有成员是基于彼此信任或情感或地域而投入，其联系纽带远弱于创客团队基于需求与吸引，且总体成功率不高。

关系视角关注的是强连接中建立起来的共同需求、爱好与目标、准则或行为一致性。强连接能有效提升知识转移效率，从而有利于改善创新成果。当然，创新成果又反过来激励创客之间形成更加紧密的连接。

三、网络资本视角

网络资本视角下的创客合作综合体现为创新环境、创新背景、创新所需知识及创新成果。创新环境中，首先是开源硬件与开源软件日趋成熟的大环境，让普通大众人人创新成为可能；其次是3D打印，使得低成本创新成为可能，最后是众筹平台的支持，大大降低创新创业门槛。创新背景主要表现为专利的开放与政府对创新政策上的支持。创新所需知识主要表现为打破圈子带来的异质性知识资本，即不同生活圈子、不同背景、不同地方的创客带来的异质性知识。创新成果也是非常重要的一种资本，主要表现为先进创客创造出成果后会激励后进创客不断地加入，源源不断的创客本身就是难得的创新资本。

资本视角下的创客合作网络形成首先依赖于创新大环境

的改善，尤其是开源硬件与开源软件的免费开放，使得创新不再是难事，开源软件通常对电路原理图、材料清单、设计图和可能使用的软件等授权、免费开放、自由分享，使人们找回了DIY的乐趣。3D打印机进一步帮助人们克服了将创意做成原型难的问题，帮助人们快速实现创意与设计。众筹平台不仅为人们提供资金，更重要的是告诉人们还有哪些需求未被满足，能够在设计之前针对这些需求进行市场调研，大大提高了创新的成功率。创客有了创意的火花，要实现创意的关键是付诸实践，而很多创新很难仅靠一个人的能力实现，创客就需要加入众创空间，加上政府在场地、资金、政策等方面的鼓励与激励，使得创客们寻找具备异质性知识的其他创客共同组建团队，进行合作的意愿更高。当然，合作能否有创新成果还是取决于创客所拥有的异质性知识资源能否解决难题实现创新。实现创新成果又能进一步激励创客合作创新，形成良性循环。如图4-4所示。

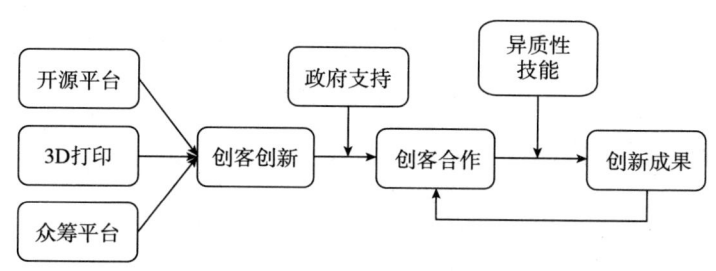

图4-4　资本视角下的创客合作网络研究框架

资本视角比较宽广，涉及的创新大环境与政府支持的大背景很难纳入变量作为考察对象。因此，本书在社会资本理论基础上只将受创客影响的异质知识作为考察变量纳入实证中。

资本视角下的创客研究表现为异质性的选择，不同于传统团队的能力互补与资源互补，创客团队异质性全面体现于外部的性格、教育、收入、地域和内部的职业、经验、价值观、能力、认知、宗教信仰等。由于众多创客从东南西北会聚到一起，彼此可从容地打破原有圈子挑选擅长于创新某个模块的成员合作。

第七节 创客合作网络研究的整合框架构建

以上研究从不同视角分析了创客合作网络发展的不同阶段。结构视角着重研究创客初到众创空间初步形成的网络结构；关系视角重点研究如何在网络结构基础上将异质性知识转化为创新成果；资本视角主要关注创客们带来的异质性知识及相关资本。

创客合作网络形成发展的过程大致如下：首先，随着大环境的成熟，尤其是开源平台、3D打印与众筹平台的支持，使得人人可以低成本创新。但不是人人都具备创新所需的全部知识和技能，个体在创新过程中会遇到瓶颈或难题，而网络平台无法直观高效解决该难题，于是实体型众创空间应运而生。其次，来自不同地区的创客们来到众创空间，形成初步网络结构，但此网络并不能立刻产生效果。创客们需要在此网络中寻找能解决自己瓶颈的伙伴，需要建立初步的合作意向，共同制作兴趣作品。最后，在动手 DIY 过程中或初步成果出来后，大家建立起深厚的情感与共鸣，展开更深入的交流与知识探讨，在开源众筹等方式的支持下，加速各种创新成果的诞生。如图 4-5 所示。

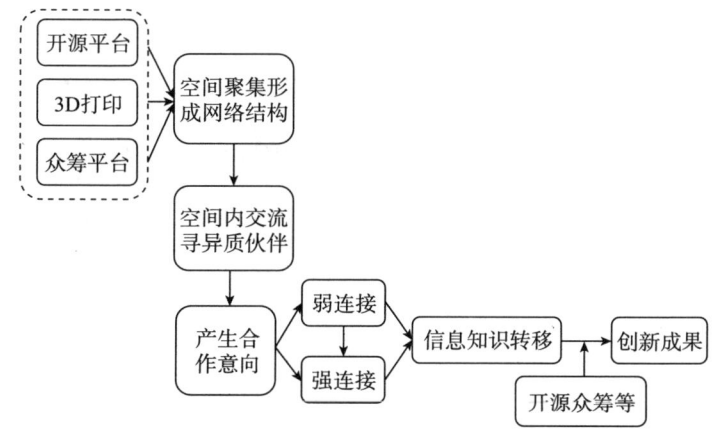

图 4-5 创客合作网络整合框架研究

整合框架关注创客合作网络的形成发展过程，更关注合作网络结构、异质性知识与强弱连接的相互转化。创客合作网络形成初期，结构洞数量庞大，此时创客间关系表现为弱连接。当寻找到异质性伙伴，建立起合作意向后，结构洞消失，强连接慢慢形成，知识转移与接收效率大大提升，创新成果逐步实现。整合框架较全面地解析了创客合作网络各视角对创新成果的作用，较好地吻合社会网络理论。当然，很多权变因素可能会影响到创客合作网络及其创新成果。因此，学者们可以从多元化的视角来对创客合作网络进行研究。

第八节 创客合作网络的研究展望

本章仅从过程角度对创客合作网络进行了研究梳理。创客合作网络的研究才刚刚起步，为此，我们仍然采用扎根研究方法提炼出可能存在的创客合作网络研究问题，如表4-2所示：

表4-2 创客合作网络的研究展望

类别	描述	初级编码	聚焦编码
前因变量	大规模化时再合作 自发合作、松散合作 合作只在口中，实践合作很难 无利益绑定、利益分配困扰	合作时点 合作形式 合作艰难 利益分配	合作条件
外部变量	开源硬件延伸着开源软件代码的定义，包括软件、电路原理图、材料清单、设计图等都使用开源许可协议，自由使用分享，完全以开源的方式去授权 开源硬件放大创意、开源硬件提倡的是硬件设计的分享和上下产业链的模块改进	开源平台	创新环境
	众筹是大众工具、众筹改变商业生态、创客可用众筹进行创新 众筹网站的出现与发展，为获得创新认可的创客们提供了前期启动资金 凭借众筹网站了解到还有哪些需求是我们目前的产品尚未满足的	众筹平台	

续表

类别	描述	初级编码	聚焦编码
外部变量	3D打印机普及后，使得人人可用非常少的成本制作和试验创意产品的原型 3D打印快速实现设计	3D打印	创新环境
	众创空间的价值就是无偿支持创客创作、传播创客理念、推广创客文化、通过研讨项目、工作坊、创客竞赛等活动促进合作 开源硬件的发展促进了众创空间和开源硬件公司的成立	众创空间	
内部变量	详见表4-1		
创新创业路径	创客创新创业的门槛大幅降低	创业门槛	发展趋势
	众筹的普及使得创意物品在被生产出来之前就已经销售出去，使得创客不必为创新费用问题分心	资金问题	
	与国外创客运动的发展途径不一样，中国创客的发展早就自下而上地形成了一个规模宏伟的创新生态体系 新山寨使人看到了中国式民间创新的巨大潜能与爆发力	创客发展路径	

根据访谈内容及相关文献，本章从创客合作的过程视角，提出创客合作网络存在的研究展望可着重关注以下几个方面。

前因变量。创客合作网络形成受很多因素影响，我们把这些影响因素称为合作条件或前因变量。比如为什么多数创客都只在口中空讲合作，而没有实际合作行动。影响因素可能有性格爱好、文化程度、时间、性别，还可能有原有工作习惯的约束等。每个因素都值得我们去深究，找出影响显著正向的因素，这为众创空间的工作指明了方向。再比如对于利益的分配机制，创客们本是基于兴趣爱好而聚到一起创新发明的，当创新成果得到成功应用，获取到市场利益时，应该如何分配利益这个问题往往使众多创客裹足不前。当没有创新成果时，创客一般也没有时机讨论利益分配问题，这正是不善表达的技术创客们实践合作的心理壁垒。因此，对利益分配机制的研究及相应的解决方案或未来可能的商业方案研究非常值得学者们关注。

外部变量。开源硬软件、3D 打印与众筹平台既促进了创客与众创空间的诞生，也促进了创客与众创空间的成长；反过来，创客成长后也推动了这些外部变量的发展。那么有哪些类型的创客合作离不开这些外部变量，或者这些外部变量又制约了哪类创客的合作？是否所有类型的实体型众创空间都必须配备开源硬软件与 3D 打印机？这些问题都值得研究。

内部变量。表 4-1 中列出创客合作的内部变量，尤其是资本视角中很多变量本章都没有用到，值得学者关注。比如，政府支持。受经济发展与转型的制约，政府大力扶持众创空间的发展，然而，在目前有半数左右的众创空间存活艰难，此时如果政府不再支持，可能明后年就会迎来实体型众创空间的关门潮；如果继续支持，何时才能产生实际的绩效？另外，本章已用变量也值得大家深入研究。比如合作网络异质性的研究，可从内部异质性、外部异质性与内外异质性的交互作用进行研究，就合作网络异质性而言，已有众多学者研究，但鲜有研究将创客作为研究对象。限于篇幅，不再一一赘述。

创新创业路径。当创新成果应运而生，创客合作发展的趋势就演变为创业，因此创客创业路径的研究也是创客合作网络发展的必然趋势。考虑到创客创新方式的独特性,关于创客创业途径的研究不同于已有创业路径的研究,这个问题或值得学者们关注。

第九节 本章小结

本章在对国内知名众创空间创始人进行深度访谈基础上,采用扎根理论研究方法,根植于访谈资料,及资料与分析的持续互动,使提炼结论更具普适性与饱和度。

首先,对新车间案例进行简单描述,紧接着将在新车间收集的数据进行梳理编码,得出创客合作网络结构视角、网络关系视角与网络资本视角下共17个聚焦编码。其次,用17个编码分别描述了各视角下的创客合作过程;并将这些过程整合到一个研究框架中。最后,就余下的编码提出创客合作网络可能存在的研究展望,以供其他学者参考。

本章的创新点在于构建了创客合作网络的定性研究框架。

第五章　众创空间创客合作网络与创新绩效理论模型

第四章构建了定性的研究框架，本章在研究框架的基础上，进一步构建创客合作网络的理论模型。研究框架是本着遵循事实的本来规律，从大量访谈中去寻访创客合作与创新绩效间的关系。本书将访谈数据进行扎根分析，编码提炼出创客合作过程与创新过程匹配的研究框架。理论模型是为定量实证服务的，是对定性研究框架的理论提升与深入验证。

第一节　众创空间创客合作网络结构洞与创新绩效

Burt 提出，结构洞占据者因中转信息从而有机会获得信息优势与控制优势，因此可能具有更高的创新绩效。在众创空间，创客来自城市的东南西北，在这个连接松散的社会网络中因为存在大量的结构洞，使得结构洞占据者有机会接触到大量异质性的、有价值的知识或信息，有机会通过利用控制这些知识或信息在合作网络中的转移、创造从而获得更佳的创新绩效。因此，从空间整体来讲，有管理者比无管理者的空间创新绩效显著；有作为的管理者占据结构洞数量最多，他根据新加入创客的创新需求，迅速匹配所需异质性知识或能力的资深创客，从而使结构洞闭合。无管理者的创客空间，结构洞数量庞大，新创客只能用时间寻找所需，创新绩效低。因此，结构洞占据者有条件有可能创造出更高的创新业绩。从空间整体看，结构洞闭合得越快，越有利于创客找到所需的异质性知识，越有利于提升创新绩效。因此，本书提出如下假设：

H1：众创空间创客合作网络结构洞闭合与创新绩效间呈正相关关系。

H1 是图 4-1 的理论升华，图 4-1 的结构视角下的创客合作网络研究框架是 H1 的实践基础。图 4-1 中，创客打破"闭门造车"的思维聚集到众创空间，成为合作网络结构中的一个节点，再通过空间的各种活动，面对面地交流使原有结构洞闭合，这为后面的创新绩效带来正向影响作用。

第二节 众创空间创客合作网络强弱连接与创新绩效

强弱连接的理论基础包括 Granovetter 提出的"弱连接优势"理论和 Coleman 的"强连接优势"理论。Granovetter 认为，短的弱连接靠获取其他领域的差异性信息来拥有更好的信息传播优势。本书中的合作强弱连接是以创客与创客间关系为研究对象。创客在自己强连接的同质网络中无法解决所遇技术难题，因此到众创空间寻求那些平常无法连接到的共同兴趣爱好者，一起讨论解决。此时，针对同一个众创空间内部相处一段时间的创客而言，不连接或弱连接表明彼此兴趣爱好不相同或者相互不认可。相对低的情感度、偶然的接触和浅谈只能提供多样化信息及难度较低的显性知识，对解决复杂的技术难题和创新绩效的帮助微弱。

而 Coleman 的强连接优势理论认为，强连接网络中群体容易建立明确的义务、期望、规则和信任，从而降低交易和协调成本。创客在众创空间从不连接到弱连接，从弱连接到强连接，建立起相互信任，因信任而相互支持，共同解决技术难题，共同开发兴趣作品，共同创新。随着连接强度增加，更能准确找出重要信息，加强交流深度，提升交流质量,从而有利于创新绩效。或随着时间的推移,彼此从熟悉、信任、支持到拥有共同创新创业。也就是说,随着创客间连接关系的增强,他们的创新绩效逐步增强。Krackhardt等也指出,强连接在环境变迁时会因相互信任而获得相互支持。

综上所述,无论弱连接优势理论还是强连接优势理论,创客合作网络关系的强度越强,创新绩效越显著。基于此,本书提出如下假设:

H2:众创空间创客合作网络的强弱连接与创新绩效间存在正相关关系。

H2 是图 4-3 的理论呼应,图 4-3 的关系视角下的创客合作网络研究框架是 H2 的实践过程。图 4-3 中,随着创客面对面的交流,创客间会产生合作意愿,然而,合作的连接强度能否由弱到强,能否产生创新成果,取决于彼此的合作感觉、合作目标与合作规则等因素。因此,由弱到强的连接关系与创新绩效间是正相关关系。

第三节 众创空间创客合作网络异质性与创新绩效

合作网络异质性的理论基础主要有 Bourdieu 提出的社会资本理论。社会资本理论认为,在亚当·斯密的分工理论盛行两百多年后,无论是创业还是创新,社会资本变得异常重要。现代社会知识密集与技术密集的特性使得创新极具复杂性，使得任何一位创客都无法全面掌握所需技术，因而更需要整合社会资本。兴趣、爱好、技术能力与职能经验不同者，具有互补的能力，进行整合后有益于创新绩效。社会资本理论认为，创新领域新进入者不仅存在"新进入缺陷"，而且资本匮乏（Bourdieu，2011）。具备技术与职能经验的异质性资深创客是众创空间的稀缺资本。因此，本书认为创客合作网络异质性有利于改善创新绩效。即创客在社会认同理论归类后，资本整合的创新团队更有助于创新绩效的实现。异质性创客比同质性创客更能创造价值，尤其是职业能力与技术能力异质性显著，会对创新绩效产生积极而深远的影响。基于此，本书假设如下：

H3：众创空间创客合作网络异质性与创新绩效间呈正相关关系。

H3是图4-4的理论模型，图4-4的资本视角下的创客合作网络研究框架是H3的过程框架。图4-4中，创客间已经达成合作，具备了创意与创新平台，然而要将创意兑现，需要创客的技能与经验来克服与解决创新过程中面临的一系列难题。否则，纵有优秀的创意，没有匹配的异质性资源，也不能兑现创意。所以，创客的异质性资源与创新绩效间是正相关关系。

第四节 众创空间创客合作网络知识转移与创新绩效

创新就是一种创造性、探索性的技术性活动。Drucker 指出，创新的本质是知识的识别、吸收和转化过程。知识转移是促进显隐性、多样性和复杂性知识的组合与集成，最终影响创新成果。因此，创新是知识的转移和形成过程。随着科技的日益进步与长足发展，知识的转移与联盟成为创客创新方式的重要渠道。Miller 等验证了知识转移与创新成果显著正相关。Cavusgil 等提出，对隐性知识的有效转移可大大改善创新绩效。Cassiman 等提出，知识转移的频次越高越能改善创新绩效。Yang 等研究发现，知识转移显著作用于社会资本和创新绩效。据以上分析，文章假设：

H4：众创空间创客间知识转移与创新绩效呈正相关关系。

H4 与图 4-1、图 4-3 和图 4-4 都密切相关，图 4-3 中明确标出知识信息的转移形成创新绩效有前提条件。关系视角下的创客合作网络研究框架是 H3 的过程框架。图 4-1 中的面对面交流，交换的内容自然是信息与知识，交换的目的是创新成果。图 4-3 中显示的是创客间关系的强弱，会决定知识转移的效果，而此效果直接决定了创新绩效的多寡。图 4-4 显示的是知识信息，尤其是异质性的知识是决定有无创新作品的必要条件。

第五节 知识转移的中介作用

一、合作网络结构洞闭合与知识转移

信息知识顺着合作网络中的强连接流动,而强连接在合作网络中更多地体现为结构洞占据者之间的连接。结构洞占据者拥有多少结构洞数量刻画了创客间的连接方式,代表着信息流动渠道。然而结构洞仅代表异质性信息知识流动途径,并不能保证这些信息知识的有效转移与吸引利用。结构洞的闭合,表明信息知识的沟通流畅无间断,全方位地促进了创客间分享转移知识的意愿。结构洞闭合才有可能成就信息知识等社会资本的优势。基于创客需求的深入性,即不仅需要多样性的信息知识,更重要的是通过结构洞的闭合来消化吸收解决实际复杂的技术难题。比如制作机器人的创客,有的擅长软件编程,有的擅长硬件装配,有的擅长电路设计,大家因众创空间结构洞的存在而不全相识,当且仅当结构洞闭合才使得大家相互了解,探寻合作,继而共同研制机器人。因此,结构洞的动态闭合更有可能对知识转移产生正效应。基于此,本书假设:

H5:众创空间合作网络结构洞的闭合与知识转移呈正相关关系。

知识转移的最终目的是有效吸收和利用新知识来提升创新绩效。Nonaka 认为，将新知识传遍整个组织，并迅速开发出新产品和新技术的企业才更具生命力和竞争力。结构洞的闭合正是将信息知识传遍整个网络的表现方式，正是促使知识转移利用产生新产品新技术的前提条件。在众创空间，结构洞的闭合表现为更加便捷顺畅地寻找到异质伙伴，而知识的转移更多地发生在异质伙伴决定展开合作之后，在共同创造新产品、新技术、新服务的过程中。

H8 - 1：众创空间知识转移在创客合作网络结构洞动态闭合与创新绩效间起中介作用。

H5 与 H8 - 1 是图 4 - 5 的部分理论模型，图 4 - 5 的创客合作网络整合框架研究是上述两假设的过程整合。结构洞闭合是创客合作的第一步：当且仅当结构洞闭合，创客才可能面对面地交换信息知识与创意，才有可能产生进一步的合作意愿。所以结构洞闭合是信息知识转移不可或缺的前提条件，它们之间是正向影响关系。但知识转移不是创客结构洞闭合的最终目的，创客与创客并不是为了交流而交流，他们是为了创新而交流。因此，知识转移只是结构洞闭合与创新绩效间的中间桥梁，担当中介作用。

二、合作网络强弱连接与知识转移

基于前文分析，创客间知识转移的有效性，取决于创客初到众创空间时建立的弱连接能否演变为强连接的过程。Uzzi 等指出，强连接能带来影响力和信任感，弱连接能带来新鲜或异质性的信息知识。即弱连接转移显性和多样性知识效率更高，而强连接转移隐性和复杂知识效果更好。创客合作网络关系由弱到强的动态过程正是为促进有价值的隐性和复杂性知识能得到吸收利用的过程。众创空间是一个能接触到新信息、新知识的平台，这些新信息、新知识的有效转移需要强连接来实现。因此，本书假设：

H6：众创空间创客合作网络中强弱连接与知识转移间存在正相关关系。

创客决定合作后，知识转移并不能立刻高效地转移利用。创客间基于异质性信息知识技能的吸引而走到一起，但离精诚合作还有很远的路，这其中有彼此的性格、工作方式、工作风格、责任担当与利益分配等因素的影响。具体表现为强连接关系与弱连接关系。创客有可能从弱连接走向强连接，从而提升知识的转移利用价值，产生创新绩效。也有可能从强连接走向弱连接，放弃知识的转移与利用，从而知识转移在强弱连接与创新绩效间起着中介作用。

H8-2：众创空间知识转移在创客合作网络强弱连接与创新绩效间起中介作用。

H6与H8-2也是图4-5的部分理论模型，图4-5的创客合作网络整合框架研究是上述两假设的过程整合。由弱到强的连接是创客合作的第二步：当创客通过结构洞闭合产生合作意愿之后，他们之间会形成正式的创新团队或非正式的业余创新群体，会产生共同的创新目标。为了共同的目标，他们之间会从陌生到熟悉，到坦诚相待，全力支持彼此的创新行为；而复杂的创新知识需要紧密的关系才能相互理解与运用。所以由弱到强的连接关系是信息知识得到有效转移必不可少的前提条件，它们之间是正向影响关系。同理，知识转移也不是创客关系由弱到强的原始动力，创客由于对创新知识的渴求，才愿意花费时间精力去维护彼此间的强关系。因此，知识转移只是结构洞闭合与创新绩效间的中间桥梁，担当中介作用。

三、创客合作网络异质性与知识转移

信息知识不仅通过强弱连接与网络结构进行流动转移，而且还需要异质性能力的演示来转移。创客最需要的是将不同的技术知识转化为动手能力，除单纯的信息获取外，还包括复杂知识的消化利用。Corredoira 等将高管看作可移动的知识仓库，资深创客也是如此。现场演示不仅能展示复杂知识和隐性知识，还有利于知识接收者的有效吸引利用。

H7：众创空间合作网络异质性与知识转移呈正相关关系。

对众创空间创客而言，异质性着重体现为经验异质性与技能异质性。异质的经验能力与技术能力不仅能有效激发灵感，促进知识转移，而且能大幅提升创新绩效。Maurer 等指出，知识转移在组织内部资本与创新绩效间起中介作用。因

此，本书假设：

H8-3：众创空间知识转移在创客合作网络异质性与创新绩效间起中介作用。

H7 与 H8-3 是图 4-5 的部分理论模型，图 4-5 的创客合作网络整合框架研究是上述两假设的过程整合。异质性技能与经验是创客合作的第三步：创新的道路并非一帆风顺，创新的过程艰难重重，需要创客们的集体智慧火花来共同解决。所以，异质性技能与经验是知识转移的核心内容，只有拥有了异质性的技能与经验，才有可能发生知识转移，它们之间是正相关关系。创新绩效的多寡，不仅取决于异质性技能与经验的多寡，而且取决于知识转移的效率高低。因此，知识转移是异质性知识与创新绩效间的中间过程，担当中介作用。

第六节 理论研究模型

根据上述假设与图 4-5 的定性研究框架，文章将探讨合作网络在强弱连接、结构洞闭合与异质性三个维度对创新绩效的影响机制，并且探讨知识转移在其中的中介作用，得出图 5-1 的研究模型。为尽量减少线条的交叉，图形中将知识转移与创新绩效做了纵向排列。

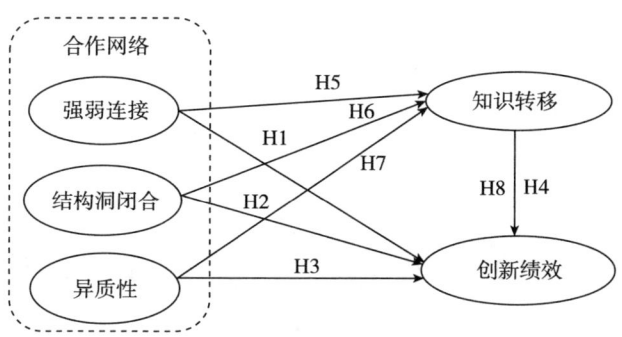

图 5-1 理论研究模型

从图 5-1 中可看出合作网络的三个维度对创新绩效的理论假设,及知识转移在其中的部分中介作用。

第七节 本章小结

首先,在第四章定性研究框架基础上提出了合作网络三个维度对创新绩效的理论研究假设,以及知识转移在上述关系中的中介作用的假设。其次,将这些假设与扎根理论分析提出的研究框架进行对比与联系。最后,得出创客合作网络研究的理论模型。模型显示,创客的关系网络强弱度,结构洞闭合能力,以及创客参与者异质性水平都与创新绩效有关系,知识转移水平会在其中影响这些关系。

第六章 众创空间创客合作网络与创新绩效实证检验与分析

第一节 研究设计与数据处理

一、问卷设计

问卷调查法是实证研究中普遍用于收集数据、并将收集来的数据用统计软件解析以验证研究假设的方法。本书的调查对象是各众创空间的创客，目的是调查他们与其他创客间的合作情况与知识转移情况对创新绩效的影响，为此需要调查强弱度、结构洞、异质性、知识转移与创新绩效五个变量。

首先，需要确定各变量的测量量表，笔者查阅了大量文献，选取了国内外广泛使用的成熟量表，但因为各文献研究内容、研究背景各不相同，为确保在今天新的时代背景下对创客测度的信度与效度，有必要对量表进行修订。修订过程中发现有部分量表是纯英文的，为保证创客的准确理解，笔者采用了双向翻译，与本实验室的其他博士生们共同将英文译成中文，又聘请英文专业的博士将该中文译回英文，就其中明显的差别和分歧在请教学院的几位博导沟通的基础上进行适当调整。

其次，带着问卷初稿走访了合肥创客空间与上海新车间，请被试填写问卷，并在填写后就部分问题项进行访谈，征求意见；再回到实验室对初测量表进行初步信效度检测，根据检测结果和访谈意见，修改和删除了部分问题项。

最后，带着修改设定的问卷再次出发去合肥创客空间、上海新车间、西湖创客汇、深圳柴火空间、深圳 DIY 空间、广州梦车间、南京创客空间等。最大的收获是在西湖创客汇上认识了来自全国各地的创客空间创始人与创客朋友们，笔者有效地利用创客汇时间采访了包括在新车间都未曾相遇的李大维、武汉创客空间创始人晏书林、南京创客空间创始人郑岩峰、天津创客体验中心创始人朱永健、西湖创客空间创始人戴立、北京创客空间创始人王盛林等，具体名单详见致谢。本书使用李克特五级量表，最终问卷量表及相关访谈问卷详见附录。

二、研究样本与数据收集

关于众创空间的分类,徐思彦等将创客空间分为社区型、商业型与微观装配实验室模式。刘志迎等按创新主体的不同把众创空间划分成企业主导式与大众主导式。也有学者把分散与集中作横坐标、自发与组织作纵坐标,将众创空间分为网络社区式、实体空间式、平台众包式与孵化器模式(付群英)。文章着重将大众主导的社区型或实体空间作为研究对象,对全国范围内成立时间超过两年的众创空间进行实地调研。样本数据来自这些空间的创客,样本总体能较好地代表当前大众主导型的众创空间创客实际情况。

此次实地考察现场共发放 100 份纸质问卷,回收 87 份,有效 43 份。通过问卷星发放的电子问卷覆盖全国 17 个创客空间群。由于实地调研的受访者也有可能存在于创客空间群,为了避免重复作答,我们限制一个 IP 只能填写一份问卷。最终我们回收了 312 份电子版,有效 224 份(见表 6-1)。我们剔除了,一些漏答部分题项及没有通过我们反向题项测试的问卷。其中,问卷共 26 个题项,最终有效样本数量(267 个)符合题项数量的限制要求。

三、变量测量与信效度检验

对创新绩效的测度,吴俊杰在测度企业家社会网络创新绩效时,使用了新产品数量、新产品增长幅度与新产品销售额等指标。Ma 等学者普遍采用创新水平、成长潜力与盈利水平。文章结合创客合作网络的实际情况，应用创新数量、创新水平与成长潜力三个指标。其中创新数量采用"本人或其他会员成果数量多、创意多""本人或其他会员成果走向市场化数量多"测项；成长潜力采用"本人或其他会员创新成果速度快""本人或其他会员持续不断推出创新成果"两个测项；创新水平采用"本人或其他会员成果创新程度高""本人或其他会员创新成果独创性高"测项。6个问题项均使用李克特5点量表进行测量。运用SPSS计算方法，按因子特征根值大于1的主成分分析法提炼出1个因子，解释总方差为63.195%，Kaiser–Meyer–Olkin值为0.834，Bartlett球形度检验近似卡方值为843.995（df为15，p为0.000），因子载荷最小为0.653，信度系数α值0.882，具有较好信度与效度。

表6-1 调查问卷样本特征分布状况（n=267）

样本特征		样本量（个）	所占比重（%）	样本特征		样本量（个）	所占比重（%）
创客性别	男	185	69.29	创客年限	1年内	195	73.03
	女	82	30.71		1年以上	72	26.97
创客年龄	29岁以下	119	44.57	所在职位	高层管理者	50	18.73
	30~39岁	108	40.45		中层管理者	77	28.84
	40~49岁	18	6.74		基层管理者	47	17.60
	50岁以上	22	8.24		普通职员	93	34.83
文化程度	中学及以下	6	2.25	所在行业	互联网+	65	24.34
	大专与本科	71	26.59		文化创意	32	11.99
	研究生	190	71.16		智能硬件等	170	63.67

对知识转移的测度,已有大量学者进行成熟研究,文章借鉴赖家彦使用的测度量表,"本人对知识交流过程和交流频率感到满意""本人从知识交流活动中获得新知识与创作灵感"等5个题项。通过验证性因子分析,提取出1个因子,解释总方差的64.334%,测项KMO值为0.858,Bartlett值为593.053(df为10,p为0.000),因子载荷最小为0.681,信度系数α值0.859,具有较好信度与效度。

对合作网络结构洞闭合的测量,大多学者采用Burt的约束指数计算模型测量结构洞的静态数量。本书重点测量"结构洞闭合"。根据结构洞闭合定义,我们通过对各空间创始人的深度访谈及本领域专家咨询,采用自制量表"互不相识的会员通过我或其他管理者中转信息与资本时,我或其他管理者尽量促使他们面对面沟通""互不相识的会员通过我或其他管理者中转信息与资本时,我或其他管理者尽量促进他们合作"等题项来进行测试,全问卷进行预测修正后使用。对结构洞动态闭合作探索性因子分析,Bartlett检验和KMO值检验都达到规定的数值要求,删除存在交叉载荷的题项后,再进行探索性因子分析,结果显示抽取出1个因子,解释总方差为64.273%,测项KMO值为0.766,Bartlett值为361.379(df为6,p为0.000),因子载荷最小为0.739,信度系数α值0.814,具有较好信度与可接受的效度。

对合作网络强弱连接的测定,Granovetter采用了四个指标:互动时间、情感强度、亲密程度与互惠行动。后续学者使用诸多测量指标来测度强弱连接的构成本质。Mittala等采用情感强度、亲密程度、关系强度与互动时间来进行实证研究，研究结果表明具有较可靠的信度与效度。因此本书采用"本人对空间其他会员较熟悉""本人与其他会员间保持持久联系"来测量情感强度，用"本人与其他会员联系紧密"测量亲密程度，用"本人与其他会员关系强度"测量关系强度，采用"本人与其他会员接触次数多""本人花较多时间与其他会员进行沟通交流"测量互动时间。采用验证性因子分析，提炼出两个因子，解释总方差为47.404%，指标项KMO值为0.726，Bartlett值为258.365（df为10，p为0.000），因子载荷最小为0.762，信度系数α值0.662，具有可接受的信度与效度。

关于创客合作网络异质性的测量，外部异质性选择年龄与教育水平两个指标作为控制变量，内部异质性选择技术能力异质性与职业经验异质性两个比较普遍使用的维度。本书参考王冰对创业团队成员异质性的测量量表，采用"本人与其他会员间拥有不同创作技术""本人与其他会员的动手能力不同"等测项，最后进行验证性因子分析，提炼出2个因子，解释总方差为73.981%，测项KMO值为0.806，Bartlett值为702.461（df为15，p为0.000），因子载荷最小为0.743，信度系数α值0.850，具备较好信度与效度。如表6-2所示。

为避免同一被试填答所有观测变量可能引起的同源偏差问题（CMV），本书采用反向问题项、选项重测、被试者信息隐匿及客观情况描述措施进行预防。将采集到的所有观测变量作因子分析,在未旋转时得到的第一个主成分为 CMV 值,该值为 30.092%,表明同源偏差并不严重,可进行下一步的数据分析。此外,本书选取了性别、年龄、文化程度、职位、创客年限等作为控制变量。文章使用逐渐添加控制变量、自变量、中介变量的层级式多元回归模型,并在运算前把数据标准化,来避免交互项可能带来的多重共线性问题。

表 6-2 结构效度与信度分析结果

变量	解释方差(%)	KMO	Bartlett	信度系数 α
创新绩效	63.195	0.834	843.995(df 为 15,p 为 0.000)	0.882
知识转移	64.334	0.858	593.053(df 为 10,p 为 0.000)	0.859
结构洞闭合	64.273	0.766	361.379(df 为 6,p 为 0.000)	0.814
强弱连接	47.404	0.726	258.365(df 为 10,p 为 0.000)	0.662
异质性	73.981	0.806	702.461(df 为 15,p 为 0.000)	0.850

第二节 实证分析

一、相关性分析

为更好地判断各变量间的相关性与判别效度,本书对各维度进行描述性统计分析。

第六章 众创空间创客合作网络与创新绩效实证检验与分析

表6-3显示,合作网络强弱连接、结构洞闭合、异质性与知识转移、创新绩效两两之间显著相关。依据理论假设,可初步预判创新绩效通过合作网络与知识转移共同作用得以改善,知识转移有可能在合作网络与创新绩效间发挥中介作用。

表6-3 各变量间的相关系数及对应AVE值

变量	1	2	3	4	5	6	7	8	9	10
创客年限	—									
性别	0.091	—								
年龄	0.048	0.207**	—							
教育经历	0.232**	0.049	0.042	—						
职位	-0.285**	-0.238**	-0.316**	-0.142**	—					
强弱连接	0.162**	0.143*	0.031	0.063	-0.164**	(0.514)				
结构洞闭合	0.117	0.141*	0.038	0.120	-0.089	0.761**	(0.643)			
异质性	-0.052	0.175**	0.064	0.064	-0.070	0.371**	0.414**	(0.667)		
知识转移	0.038	0.153*	0.028	0.148*	-0.013	0.470**	0.489**	0.514**	(0.643)	
创新绩效	0.057	0.095	0.034	0.161**	-0.129*	0.456**	0.505**	0.452**	0.575**	(0.632)

注:对角线上为变量的AVE平方根值。

二、回归性分析

相关分析仅能表明各变量间的直接紧密程度,在设定控制变量(控制创客年限、创客年龄、性别、教育经历与职位)后,应用逐步回归分析法能有效地显示变量与变量之间的依赖关系。如表6-4所示。

表6-4 合作网络的层级回归结果

变量	知识转移		创新绩效		
	模型1	模型2	模型3	模型4	模型5
创客年限	0.003	0.001	-0.011	-0.021	-0.021
性别	0.156*	0.052	0.068	-0.027	-0.047
年龄	0.004	0.005	-0.018	-0.018	-0.019
教育背景	0.146*	0.101*	0.147*	0.099	0.062*
职位	0.047	0.090	-0.101	-0.067	-0.101
强弱度		0.206**		0.132**	0.056*
结构洞闭合		0.170*		0.277**	0.214**
异质性		0.362***		0.278***	0.144*
知识转移					0.369***
R^2	0.045	0.392	0.042	0.346	0.429
Adjusted R^2	0.027	0.373	0.023	0.325	0.408
F	2.439*	20.535***	2.252*	16.846***	21.170***

注：表中标准化回归系数 * 表示 p<0.05，** 表示 p<0.01，*** 表示 p<0.001；n=267。

（一）层级回归分析

表6-4中模型5是为检验 H1 至 H4，在回归模型中依次放入控制变量、自变量与中介变量，结果显示合作网络3个维度与因变量创新绩效呈显著正向关系，标准化回归系数分别为 0.056*、0.214**、0.144*、0.369***，说明合作网络强弱度、结构洞闭合、异质性与知识转移与创新绩效呈正相关关系，即 H1 至 H4 得到验证。模型1中，教育背景对创新绩效有显著性的正向影响；模型2中为检验 H5 至 H7，回归模型中依次加入控制变量、自变量，结果显示合作网络强弱度、结构洞、异质性与知识转移呈现显著正向关系，标准化回归系数分别为 0.206**、0.170* 与 0.362***，因此说明合

作网络强弱度、结构洞闭合与知识转移间存在正相关关系，即 H5 至 H7 得到验证。

表 6-5 合作网络对知识转移的层级回归结果

变量	模型 1	模型 2	模型 3	模型 4
创客年限	-0.011	-0.039	-0.034	0.008
性别	0.068	-0.030	-0.035	-0.039
年龄	-0.018	-0.012	-0.019	-0.024
教育背景	0.147*	0.075	0.057	0.064
职位	-0.101	-0.097	-0.114	-0.114*
强弱度		0.230***		
知识转移		0.463***	0.436***	0.467***
结构洞闭合			0.283***	
异质性				0.203**
R^2	0.042	0.392	0.413	0.382
Adjusted R^2	0.023	0.376	0.397	0.366
F	2.252*	23.595***	25.728***	22.650***

注：表中标准化回归系数 * 表示 $p<0.05$，** 表示 $p<0.01$，*** 表示 $p<0.001$；$n=267$。

（二）中介效应的回归分析

在引入控制变量的基础上对中介效应进行检验：表 6-4 中模型 2 表明第一步自变量对中介变量显著性成立；表 6-4 模型 4 表明第二步自变量对因变量显著性成立，表 6-4 模型 5 表明第三步中介变量对因变量显著性成立。表 6-5 中的模型 2 至模型 4 是把知识转移与自变量合作网络的 3 个维度强弱度、结构洞与异质性分别放入回归方程中，结果表明全部显著。知识转移、强弱度与创新绩效间存在显著的正向关系，标准化回归系数为 0.230***，说明知识转移在合作网络强弱度与创新绩效间起部分中介作用,即创客间合作关系越强,越有利于知识的转移吸收,越有利于创新绩效的提升,H8-1得到验证。知识转移、结构洞与创新绩效间呈显著正向关系,标准化回归系数为 0.283***,说明知识转移在合作网络结构洞与创新绩效间呈部分中介作用,即结构洞对创新绩效的影响通过知识转移来实现,这正好验证了笔者的H8-2,即创客空间期初的结构洞数量对创新绩效是正向影响作用,但结构洞的存在不能转化为创新绩效,只有当结构洞发生动态变化后,即结构洞消失,创客与创客间面对面进行知识交流合作,才能带来创新绩效。知识转移、异质性与创新绩效间呈显著的正向关系,标准化回归系数为 0.203**,说明知识转移在合作网络异质性与创新绩效间起部分中介作用,即合作网络异质性越高,越有利于知识的转移、整合与利用,H8-3得到验证。以上诸项显著性明显增强,表明彼此间存在正向效应作用。

第三节 结论与讨论

从以上实证检验的研究结果来分析,本章可得出以下结论:

(1)众创空间创客合作网络结构洞闭合、知识转移与创新绩效间的内在机理。通过对全国17家众创空间调查数据的回归分析，实证分析检验了结构洞闭合对知识转移、创新绩效的影响机理，即检验了上章中探索性研究的初始命题，也拓展了研究的普适性。具体而言，对结构洞的定性探索发现创新不同于简单的找工作，不只简单需求不重复信息，而是需要结构洞带来不重复信息后能及时加强联系，使创客能有效利用、挖掘这些不重复信息，达最优化利用。也就是充满结构洞的众创空间当且仅当结构洞动态闭合后才能带来创新优势。对结构洞的实证检验进一步证实了结构洞闭合对创新绩效的影响是依靠知识转移来实现的，即结构洞的存在不能高效地转化为创新绩效，只有当结构洞闭合后，创客与创客间面对面进行知识交流合作，才能高效地提升创新绩效。总之，众创空间创新绩效的高低取决于该众创空间的结构洞数量及其动态变化过程。

（2）众创空间合作网络强弱连接、知识转移与创新绩效间的内在关系。从定量角度的实证分析验证了强弱连接的演变对知识转移和创新绩效的影响机理。即知识转移在强弱连接与创新绩效间起部分中介作用，即创客间连接关系由弱到强，知识的转移吸收也由简单到复杂，创新绩效由低到高。总的来说，创客合作网络的强弱连接在创新绩效兑现过程中制造了不同的氛围，是实现创意向创新转化兑现的关键因素。

（3）众创空间合作网络异质性、知识转移与创新绩效间的内部关系。通过定量研究，发现合作网络异质性部分通过知识转移作用于创新绩效时，创客合作网络异质性与知识转移相互作用增强了对创新绩效的改善作用。其中,实证检验表明知识转移在创客合作网络异质性与创新绩效之间起中介作用,而且创客合作网络异质性越高,越有利于知识的转移、整合与利用,越有利于创新绩效的改善。综上所述,创客合作网络中创客的能力异质性与经验异质性资本越富有,越有利于创新绩效的改善。

(4)众创空间创客合作网络结构洞闭合、强弱连接与异质性对创新绩效的互动整合。曾有学者 Burt、Coleman、Phelps 等关注了结构洞的闭合,然而没有学者将结构洞闭合与强弱连接、异质性这三个维度整合到一个研究框架中。通过探索与验证,笔者认为,Burt 的结构洞理论是 Granovetter 的强弱连接理论的深化与系统(赵颖斯),结构洞内是弱连接,结构洞外是强连接;Bourdieu 的社会资本理论与 Burt 的结构洞理论相互卷入,创客异质性等合作网络资本内嵌于网络结构,网络结构孕育社会资本,社会资本离开网络结构将失去生命力,网络结构无社会资本将失去存在的价值与意义。Bourdieu 的社会资本理论与 Granovetter 的强弱连接理论相依相生。弱连接依靠异质性等社会资本生长为强连接,强连接进一步提升与体现社会资本的价值。没有社会资本,弱连接不能生长;离开强弱连接,社会资本不能转化体现其价值。总体来说,结构洞的闭合能力对创客空间的创新绩效有显著性的影响。具体表现为,结构洞聚集成型,洞内弱连接通过分子运动,发现评估未来合作伙伴,建立初步合作意向,共同活动,建立更深的情感与共鸣,挖掘各自的异质性资本,转化兑现创意,形成创意作品。互动整合框架比较全面地分析了创客合作网络对创新成果的作用机制，较好地吻合社会网络理论。

第四节 本章小结

首先，在现有文献的述评基础上，从理论上提出了合作网络三个维度对创新绩效的研究假设，以及知识转移在上述关系中的中介作用的假设。其次，通过对17家众创空间群展开问卷调查，将收集到的267份有效问卷进行信效度分析后，再进行相关性与回归分析。最后，结论显示，创客合作网络结构洞、强弱度与异质性都通过知识转移正向作用于创新绩效，验证了全部假设。可见，创客实体的关系网络强弱度、结构洞闭合能力、知识转移水平，以及创客参与者异质性显著影响创新绩效。

第七章 众创空间：性质特征及扶持政策选择

上述章节研究了定性与定量的创客合作对众创空间创新绩效的影响过程，在此研究基础上，国家应采取何种政策工具？为此，本章结合长尾理论现象，以众创空间创客合作为研究对象，分析众创空间在发展过程中呈现出的性质特征，以及与科技企业孵化器的异同，结合创客创新过程，综合梳理政府应采取何种政策工具来激发亿万群众创新创业活力，引发新的经济增长点。

第一节 研究背景与方法

由于众创空间的性质与政策都是显性内容，因此，我们选用能客观、系统并定性描述显性内容的案例分析法。该方法主要按照特殊事件发生的内在特征进行系统研究来判断变量之间内在的、间接的逻辑关系。案例分析法侧重于对一个或几个事件进行描述和分析案例内容，再得出普遍性结论的方法。

对众创空间的扶持政策及相关文本是政府政策意图的行为表现，是记录政策意图与政策过程的有效凭证。鉴于众创空间与孵化器的相似性，我们首先对二者进行了性质特征的对比研究，其次按现有政策、存在问题与政策导向进行阐述，力争提供宏观结论。案例分析法十分适合分析、解释政策关于创新创业的事实及预测未来发展趋势，我们列举了几个代表性地域对众创空间的扶持政策，力图从对扶持政策的分析中做到"从公开政策中获取创客合作未来发展的秘密"。

第二节　长尾理论

Anderson的长尾理论是网络时代兴起的一种新理论，它指出由于成本和效率因素，当商品储存流通展示的场地和渠道足够宽广，商品生产成本与销售成本急剧下降以至于个人都可进行生产和销售时，那么以前需求极低的产品，只要有卖，就会有人买。这些需求和销量不高的产品所占据的共同市场份额，可以和主流产品市场份额相当，甚至更大。

长尾理论现象充分解释了众创空间存在的价值和意义。

众创空间的创客们主要创新的基本是自己感兴趣,市场上无销售的小众产品。不排除这些小众产品问世后会逐渐发展壮大成为大众产品,也不排除创客们运用新技术赋予大众产品新的活力,无论哪种情况,在这些新产品初期都是符合长尾理论描述的现象的。比如自己会开关盖的垃圾桶,初次问世价是800元左右,大约是普通垃圾桶价格的100倍。垃圾桶本身是大众产品,而自动垃圾桶就是小众产品,只有极少数的公司与家族愿意购买自动垃圾桶。当且仅当自动垃圾桶价格降到100元左右,自动垃圾桶才可能成为大众产品,而将自动垃圾桶成本降到100元左右的过程已经不是众创空间的创新内容,而是科技企业孵化器的工作内容。长尾理论能很好地分析创客合作的现实价值及未来方向。

第三节 性质特征对比研究

一、关于科技企业孵化器的研究

在 Web of Science 里输入 Technology Incubator, Science Park, Incubator Centers, Business Incubator, Virtual Incubator 等相近核心词查出共4195条文献,采用引文分析软件 Histcite 检索出"本地引用"最高的60条关键文献,对这些重要文献进行追踪,发现对孵化器的理论研究大致有四个分支:①静止观、概念、分类、性质、服务功能、组织结构与商业模式；②动态观，运行机制、对比研究、关系研究、政策研究、风险与挑战、发展方向；③互动观，在孵企业准入条件、绩效评价、行为规范、监管治理等孵化模式；④虚拟观，区域网络特征、构建、扩张，及网络绩效等。后三个分支的研究经过多年学术争鸣，已有较大进展。而关于第一个分支孵化器本身的研究却一直存在分歧。王路昊等基于《人民日报》数据库的扎根理论分析认为孵化器概念混乱，源于各时代政策背景、政策理念与政策支撑体系的不同，导致多个概念灵活互换。如表7-1所示。

表7-1 孵化器概念泛化历程

年份	孵化载体概念泛化	含义
1988	孵化器	支持、扶持各种类型民办新技术研究开发机构、为开发新技术的创业者提供综合服务
1994	创业中心	促进高新技术成果商业化
2001	高新技术创业服务中心、留学人员创业园、国际企业孵化器	培育和扶植高新技术中小企业的服务机构、促进和实现高新技术产业化的社会组织
2006	大学科技园、海外科技创业园	科技产业化服务机构、社会公益型科技服务机构
2008~2009	农民工返乡创业园、村干部创业园	促进返乡农民工通过创业再就业
2010	科技企业孵化器	促进科技成果转化、培养高新技术企业和企业家
2012	科技园、技术创新中心、商业孵化器	发展创新创业型企业或产业
2014	高新区孵化园、网络孵化器	促进科技成果产业化或为科技成果转化创造条件

续表

年份	孵化载体概念泛化	含义
2017	高新技术服务超市（由专业园区、众创空间、孵化器、加速器、专业楼宇、专业公司等构成的孵化网络体系）"孵化器—加速器—专业园区—产业新城"的产业培植链条	完善科技创新、成果转移转化、知识产权保护服务体系
2018	线上科技成果转化平台"众创空间+孵化器+创新园区"的创新创业平台多层次创新平台体系	科技成果转化与创新创业服务平台上线运营加速科研成果转化，最终推动全球科技创新成果落地产业新城

注：资料整理自文献。

从上表中我们发现一个突出性表现是：各概念只被阶段性使用，随即被替代。孵化器的原本含义是向经过挑选的入孵企业，以其能承担的费用标准提供设施和服务，帮它们增值、助它们成长。然而，在实际使用中，"孵化器"经常被当作一种标签贴到相关组织身份上，从而引起泛化现象。从某种意义上讲，正是泛化为孵化器概念提供了诸多可被灵活解释和划界的空间，才使其至今保持着某种生命力！

二、与科技企业孵化器的对比分析

1977年，邓小平在全国科教工作座谈会上提出："这个世纪还有23年，要实现四个现代化，要赶超世界先进水平，究竟从何着手？"1997年，时任国务委员宋健指出："在伟大祖国的和平建设时期，中国的热血青年到哪里去？到孵化器去！因为那里有希望！"国家大力倡导的孵化器与最近几年发展迅猛的众创空间有何异同？它们在性质特征上有何区别？

1987年6月，我国第一家科技企业孵化器——"武汉东湖新技术创业者中心"在武汉东湖边成立，这标志着中国孵化器事业实现了从0到1的突破。截至2016年底，全国纳入科技部火炬中心统计范围的众创空间有4298家，孵化器3255家，科技企业加速器400余家，国家高新区156家，共同构成接递有序的创业孵化生态链。在科技部火炬中心的创业生态链中，我们可以看出众创空间的功能划分就是创新，而孵化器的功能划分是创业。也就是说，当创客们在众创空间DIY出成绩后，随后进入孵化器创业，尤其是科技型孵化器。这是选择科技孵化器的一个原因：孵化内容与孵化过程接近，一个是创新孵化，一个是创业孵化，都是孵化从0到1的过程。

选择科技孵化器作对比的另一个原因是孵化作用相似：国家扶持政策出发点相似，都是大力支持创新创业，提升区域创新创业孵化能力，都为引发新的经济增长点、为2020年建设创新型国家奠定坚实基础。

略有不同的是孵化对象有差异。科技企业孵化器孵化的创业企业相对稳定持久，即使倒闭也要两年左右的时间；加上创业企业前仆后继，所以孵化器扶持对象相对稳定。众创空间发展迅猛，在数量上迅速赶超孵化器；发展越迅速，待解决问题越多。众创空间孵化的创客松散且不稳定。创客合作的基础是兴趣，共同的兴趣爱好走到一起创造制作喜爱的物品或技术服务，只有极少数的创客合作组织在发展十分顺利的情况下会进入创业阶段，大多数创客合作会因各种原因夭折在各个阶段，此时，扶持政策与众创空间工作人员的关注引导变得极为重要，这正是本书研究的意义所在。

习近平总书记最近讲到，创新从来都是九死一生，但我们必须有"亦余心之所善兮，虽九死其犹未悔"的豪情。张玲认为，以服务为主体的众创空间，本质上就是一种微型孵化器。贾天明等认为众创空间就是提供早期创业服务的新型孵化器。本书将大量文献报刊资料整理如表7-2所示。

表7-2 众创空间与科技企业孵化器性质特征比较

X 维度		众创空间	科技企业孵化器
性质		核心资源开放平台	辅助资源服务平台
		公益型、半公益型与完全盈利型	事业型、政府主导企业型和完全企业型
特征	参与者	创客等广泛受众（无边界、开放）、网络专营店、全球在线制造商	科技型创业企业（满足标准才能入驻）、孵化器管理层、政府、大学、科研院所、风投资本等中介机构
	平台功能	免费开源软硬件，线上线下课堂分享，论坛、创客圈等交流平台，产业链服务、众筹、众包及利基市场平台	廉价物理空间及公共设施，商业咨询等专门化服务，种子基金与风险投资
	服务领域	团队搭建、技术开发、原料设备供应、成果管理、组织创新大赛	管理培训、人力资本市场、风险投资、区域网络交流平台、市场营销和企业运营管理
	投资主体	政府投资、高校科研院所投资、大中小型企业投资、创投机构投资、中介机构投资	政府投资型、高校科研院所投资型、民间资本投资型和混合投资型
	盈利模式	会员费、场地设备租赁、服务收费、投资收入、独立资金运营	天使投资、孵化占股、技术转移、技术服务、产业链盈利

注：资料整理自文献。

综上所述，众创空间是核心资源开放实践平台，科技企业孵化器是辅助资源服务平台。二者不仅在服务主体、服务领域、投资主体、平台功能和盈利模式上有所差异，还在运行模式上有差异，如表7-3所示。

表7-3 众创空间与孵化器运行模式比较

	众创空间	孵化器
运行主体	创设发起人、创设人或发包企业	政府或机构
活动主体	创客	在孵企业
运行平台	实体空间、网络社区、网络平台	实体孵化器
运行效率	有低有高	高
运行结果	欣赏或使用、发包方、平台和中标者获益	毕业成独立企业
共同点	创新创业孵化	

注：资料整理自文献。

第四节 扶持政策问题研究

30多年来，中国政府在推动科技企业孵化器发展中扮演了重要的角色。根据孵化器事业不同发展时期的特点，政府在规范、示范和引导上渐次推进，形成了中国特色的孵化器发展道路和模式。"定战略、出政策、抓服务、建体系、撬市场"，中国充分发挥自己强大的体制动员优势，有效聚集了人力、财力和物力，推动中国的创新创业发展。

我国科技创业孵化载体，在数量上和规模上已位居世界第一。30多年来，孵化器在推动经济发展方面发挥了重要的作用。据统计，截至2017年，中国孵化器内毕业的科技企业已达到 8.9 万家，毕业的中小企业约 22 万家。2017 年，孵化器总收入达 308 亿元，净利润 32 亿元，上缴税收 24 亿元，孵化器的工作有效促进了国家经济的发展。总的来说，孵化器在实施创新驱动发展战略、催生新动能、带动产业转型升级中的作用日益凸显。

李克强总理特别关注的众创空间，它的政策配套有何作用？可否根据孵化器配套政策的变化来引导和预测我国众创空间的发展趋势与配套政策？

一、现有政策

众创空间其实就是互联网背景下的创业服务机构和孵化器的代表，是创新创业者的家园，政策提供的关键是为创新创业者提供开放的环境，带来视野和机会，消除障碍打破原有框架，即不仅能提供办公场所和投资人，还作为互相交流和思维碰撞的场所，并且不局限于线下也不局限于地域。

访谈部分众创空间发现具有共性的政策很多，这里举例说明。比如，科技型企业满 2 年可按投资额的 70% 抵扣应纳税所得额。再如，杭州西湖创客汇的政策，是将创新创业者落户、住房、教学、医疗、社保一系列需求，综合起来进行打包化系统化服务。政策提供者宣称：来杭州创新创业，只要心无旁骛搞好项目就行。

现有对"创客空间"的政策支持多处于初级阶段。比如，简化登记手续，对"众创空间"的房租水电、宽带网络、公共软件等给予适当补贴，或通过盘活闲置厂房等资源提供成本较低的场所等。对打造良好创新创业生态环境缺乏必要的认识和扶持。例如：缺乏健全的创新辅导指导制度，使得老创客带新创客纯属民间行为；缺乏支持举办创新训练营、创意创新创业大赛等活动；缺乏培育创客文化，让创新创业蔚然成风的举措。

二、政策的作用功能

目前，国家高新区聚集了全国一半的孵化器和众创空间，形成了"产业报国"的精神追求和"鼓励创新、宽容失败"的文化氛围。

扶持政策的作用一，是推动技术创新，特别是核心技术。习近平总书记一直高度关注核心技术的创新，强调"核心技术是国之重器""核心技术靠化缘是要不来的"。改革开放以来，中国高铁、核电、三峡工程等关键核心技术的突破，都是遵循"引进—消化—吸收—再创新"的路线。

扶持政策的作用二，是要能吸引高端人才，加快形成良性有序的人才流动机制和创新相融的人才激励机制，实现"人尽其才、才尽其用、各得其所"。创新驱动本质上是"人才驱动"。

回顾中国科技企业孵化器的成功，在很大程度上要归功于一支优秀的孵化器管理人员队伍，他们勇于学习国内外一切先进经验，消化吸收，并且在改革大潮中大胆尝试一些新理念、新模式，与创业者一起砥砺前行，一起分享成功的喜悦。在广州市孵化器工作多年的伍干宁这样描述孵化器人的工作:"如果大家要问:是什么力量让孵化器人如此坚持,不断创造奇迹?我的答案是:我们这代知识分子拥有服务创新、创业报国的一种情怀,一种责任。在这种光荣使命的感召下,我们带着梦想,一路前行,一步一步走到今天。"可见,人才驱动是最关键最核心的因素。从人才的角度、从创新创业的成果看,众创空间其实是新型孵化器,是延伸到服务创意阶段的创新孵化与创业孵化。

三、在创客合作方面存在的问题

(一)诸多硬件条件基本具备,缺资深创客

在创客空间每年几倍增长速度的同时,创客增长速度缓慢。离开了人,一切硬件设施场地仅仅只是物质而已。国内目前对人才的号召吸引扶持政策基本缺乏。

(二)缺懂运营众创空间的人或团队

尤其缺乏能有效实施项目对接、人员对接的有经验的管理队伍;也缺乏将创客技术素质整体提升,开阔其视野,将松散的创客队伍整合到有效率的管理团队。政策制定者们大多把眼光聚焦在硬件,在资金的投融资上,忽略了各层级必需人才的培训投入。

(三)众创空间如何定性,盈利还是非盈利

众创空间的性质定位决定了创客合作的功利性与目标使命感。然而,多数营利性的众创空间缺乏明确的盈利模式,主要的盈利方式是获取政府资助和做房东收租为主。据艾瑞咨询数据,有81.2%的众创空间以房租作为主流服务。超过

70%的众创空间主要目的是获取政策红利、争取项目融资。这在一定程度上决定了创客们的合作导向:是仅凭兴趣自发松散的发展,还是有目的性与组织性地向着一个目标前进。

(四)扶持政策众多

国家的、地方的各种政策很多,有科技局、人社部出台的,此外,残联、团委、妇联等多个部门也均有出台扶持政策,这些政策彼此差异性较大,创客团队往往无暇关注到众多政策。

第五节 扶持政策案例研究

截至2017年底,全国对众创空间的政策已超过5000多种,加上地方政策,数不胜数。然而,落实到具体众创空间时,这些政策多表现为宽泛的纲要性的政策,精准服务和持续服务的政策较少,急需提升服务模式与服务水平。

众创空间的实质是保持适度的开放,让来自于各领域的人寻找到机会的同时保证空间自身的运转。众创空间的定位有营利性质的,也有非营利性质的。众创空间的门槛较低,是专为创意创新人群提供成长和服务的平台;主要面向公众群体开放,采取免费与收费并行,或会员制,为创新者提供相对低廉成本的成长环境。目前,中国已经比较知名的创客空间有上海新车间、北京创客空间、杭州洋葱胶囊、Tech-

Space、SZDIY、hackerspace及深圳柴火空间等。下面我们任意选出我国各线城市代表的扶持政策的特色进行陈述。

一、北京众创空间的政策

北京以"三城一区"为重点，拟建立全球科技创新发展的新高地。北京的知名众创空间有氪空间、优客工场、纳什空间、创新工场、因果树等众创空间。

最近，国家财政部、税务总局、科技部、教育部联合发布《关于科技企业孵化器、大学科技园和众创空间税收政策的通知》，提出税收减免政策：免征增值税、房产税和城镇土地使用税。

近日，由科技部火炬中心、联合优客工场、氪空间、无界空间、侠客岛、方糖小镇、创业公社、纳什空间、洪泰空间、Wedo、we+、P2空间共同起草发布了《众创空间服务规范》和《众创空间（联合办公）服务标准》。旨在提升众创空间（联合办公）的专业服务水平，加快发展众创空间（联合办公）等新型创新服务平台，营造良好的创新创业生态环境。

二、福建厦门的众创空间政策

目前，厦门市级以上众创空间有200余家，其中国家级35家、省级51家。厦门众创空间正告别同质化，聚焦产业链或细分领域，成长为专业化和特色化的众创空间。

厦门市先后出台《厦门市人民政府关于全面推进大众创业万众创新创建小微企业创业创新基地示范城市的实施意

见》《厦门市众创空间认定办法》等政策扶持203家市级众创空间。扶持政策从运营补助、创新项目奖励、公用软件和硬件补助、宽带和数据中心补助、创新创业大赛补助五大方面支持众创空间发展。扶持政策支持众创空间提升服务能力；重点支持全市众创空间向专业化发展，鼓励有条件的龙头骨干企业、科研院所、高校建设专业化众创空间；鼓励本土优秀的众创空间"走出去"，在全国建立厦门的双创品牌。

越来越多众创空间突破自身资源局限，到国际寻求外部合作，通过与海外众创空间的合作交流活动、赛事，寻求更多创新项目源。比如举办中国厦门美国硅谷创业大赛、RISE全球创业高峰会、"创响中国"厦门站暨"一带一路"创新大会、"K–startup Global"、英特尔海峡创新创业大赛等。

随着厦门扶持政策力度的加大，厦门众创空间呈现出多元化、精细化和专业化的发展趋势，服务业态不断向更高层次迭代演进，专业化众创空间成为发展趋势。例如，金旸高分子新材料创新平台、美亚柏科网络安全国家专业化众创空间、厦钨稀有金属应用众创空间、匠仕创客空间等多家专业化众创空间。

目前，在厦门扶持政策的调控下，大约66%的众创空间为专业化众创空间，专业化成为众创空间转型的必然选择。移动互联网、文化创意是厦门众创空间专业化趋势的两大主题，其中，移动互联网以游戏、大数据应用、电商为主要创新方向；文化创意以动漫、影视、工业设计为主要创新方向。

三、成都众创空间的政策

截至2017年底,成都市级及以上众创空间200家,其中科技部备案众创空间45家。预计到2022年,成都市级以上众创空间会达到360家。为此,成都市先后出台《创业天府行动计划2.0版》《成都市推进双创平台提能增效实施方案》(以下简称《方案》)等诸多政策。

政策太多,无法一一赘述,举例说明。如上述方案鼓励成都地区将闲置商业楼宇、厂房等改建成众创空间,并引入全球知名机构来进行市场化运作,充分发挥空间在产业、资本、人才、商业模式等要素方面的优势,将政府公益服务和市场化利益驱动的聚合效力最大化。将闲置厂房、楼宇和存量土地等改(扩)建为众创空间和科技孵化器的给予最高500万元经费补贴。

此外,《方案》还提出要引导和鼓励众创空间集聚搭建国际合作平台,引进的国内外知名创新型空间来蓉建设创新创业载体,分级分类给予100万~500万元的一次性经费补贴。

四、山东济南泉城众创空间的新政策

近日,济南市科技局出台扶持泉城众创空间的实施意见,对列入支持计划的众创空间,采取后补助的方式给予建设及运营支持,每个众创空间按其不超过实际投入额的50%予以支持,支持额度最高100万元。规定实际投入范围有:

众创空间的房租；装修改造、办公设施购置、宽带接入等基础性设施投入；用于为创新创业者服务的测试开发工具、实验用品以及公共软件、硬件购置费用；众创空间组织开展的创业辅导培训、投融资对接、项目路演、宣传推介等各类活动费用；创业导师的劳务补贴以及众创空间用于为创新创业者服务的其他费用。

此外，鼓励企业和其他社会力量建设各类众创空间，对于获得国家、山东省备案和获得泉城众创空间计划支持的众创空间，每认定1家高新技术企业，给予众创空间10万元奖励。

从以上众创空间的政策中我们不难看出，大多数的扶持政策还是处于低水平的硬件建设方面，以金钱的补助为主要手段，缺乏对众创空间绩效管理尤其是创客合作的深入理解与帮扶政策。

第六节 扶持政策研究导向

基于以上分析梳理和对若干个众创空间的实地调查，我们认为，长尾理论提供了创客合作创造小众物品的合理性，然而政府扶持政策应激发更多创客合作向着有利于国家经济发展的方向提出具体扶持政策，针对众创空间的政策导向应该面向创客合作的过程方向展开。

一、从组织性质看定位

大多众创空间属于新型非营利性公益组织。这些公益性质的众创空间是被创客们自发组织起来的，为了创新创业而开展活动的非营利性组织，暂时没有找到合适的盈利模式，不具备盈利能力。比如背后有赞助企业的众创空间（如深圳柴火）运行状况就比较好，没有赞助的众创空间（上海新车间）就是完全依赖于会员费的众创空间，运行还比较艰难。因此，绝大多数众创空间注册归于非营利性公益组织，极少部分注册成营利性组织（如 Techshop），按照市场化运营，充分尊重创建者意愿，政府应给予各种类别免征各种税收的最低成本导向的优惠政策。营利性与非营利性的定位直接影响创客合作的方向。

二、从行业性质看进程

众创空间属于科技型现代服务业。政府文件将其仅定义为"新型创业服务平台"，有较大的局限性。究其根本，是创新创业服务平台；是一个从创意到研发、从产品展示到募集资金的自组织创新创业孵化平台；具有集聚创客、集成智慧、开放实验、合作研发、展示成果、吸引投资、创业孵化等功能，是一种新型的孵化器平台。政府应给予适当财政补贴，保障足以能够维持其创新创业服务功能，服务于创新创业。众创空间的行业性质决定了创客合作的终极目标，决定了创客合作的创新进程。

三、从运营条件看环境

众创空间属于自组织自筹经费建设。运行管理主要依赖于兴趣爱好者或会员志愿性服务；运营场所依赖租用；创新工具或设备主要依赖于创客自筹资金购置或者创客们整合资源在空间共享；目前很多众创空间创客的创新还处于半成品阶段，已有的创新成果多处于自我欣赏和相互欣赏状态，筹资创业难度较大，缺乏有效机制和帮扶推动；创客的专业技术培训和创业管理培训也是依赖于创客们自行培训或者外部人员的友情支持。因此，除给予场所和购置创新所需硬件设备的资金支持外，政府需要在创新成果转化环节予以政策扶持和对接引导。

四、从创设主体看活力

真正有活力的众创空间大都是兴趣爱好者自行创建，这是符合市场化要求的。如果国家自主创新示范区、国家高新技术产业开发区、科技企业孵化器、小企业创业基地、大学科技园和高校、科研院所、行业领军企业、创业投资机构、社会组织等全面参与建立众创空间，很容易造成形式主义。据调研显示，各地政府都在积极组建众创空间，这样必然会导致泛滥，混淆真伪，会导致真正有活力的众创空间得不到应有的支持。政府要对纯粹市场化的众创空间给予支持，对现有的公共实验室或者创新创业资源实现开放共享，而不是让创客自行去构建。

五、从创客角度看人才

众创空间缺乏资深创客和广泛的兴趣者。各个早期的众创空间（如上海新车间、杭州洋葱胶囊、北京创客空间、3W 咖啡、IC 咖啡等）均较为缺乏真正意义上的创客，按照调研获得的说法"缺少真正的玩家"，没有高素质的创客，就难以出高水平的有成效的成果，创新创业就难以吸引天使基金、风投基金进入，进而就没有实质性的成效。政府除了在道义上给予支持，还需要给在众创空间里取得实质性的特色明显的创新成果适当奖励和资助，以引导更多的创客参与众创空间的创新创业活动。

六、从管理角度看效率

众创空间缺少懂运营管理的团队。国内现有众创空间普遍缺乏运营模式和管理能力，创客队伍建设、创客空间管理、创新项目与资本对接、众创空间运营效率提升等一系列问题，均需要高水平的运作经营者。政府可以出资组织对众创空间创始人进行高端的、系统的经营管理培训，或者组织专项研修，聘请国外众创空间负责人或者国内管理专家、众筹网站负责人、天使基金和风投基金负责人，共同研讨众创空间组织管理和经营模式。

综上所述，国家需要将之前的小众创新创业引导为大众创新创业，这需要扶持政策大力扶持创新创业整体环境，突破创新创业整体环境不足的约束与局限；否则创新依然是少数人的专利，大众创新创业的道路依然艰难。要真正解决众创空间的痛点和难点，增加创客及创客合作的幸福点，帮助更多的众创空间得到专业性的精准扶持，比如人力资源、薪酬模式、合作模式等专业服务，以及工商财税等配套服务，真正实现众创空间向着差异化、品牌化、专业化方向健康发展。

第七节 扶持政策研究结论

创客对世界意味着什么？安德森认为，这可能就是制造业的未来。本章研究结果指出，扶持政策还处于宏观支持，方向引导方面，缺乏对创客合作创新的具体导向。

本章研究表明，对众创空间的扶持经历了由以提供简单服务、政府资金投入为主的单一导向到引导创客们向着专业化、精细化与多元化的方向发展。众创空间提倡的创客合作创新活动是众创发展的根本动力。按照创客合作的过程与逻辑要求国家或省市的扶持政策分为以下四类：人才的吸引与奖励、创客团队的内部培训与升华、合作方向性引导、创新成果转化等创新环境的扶持与引导，这四类活动推动创客合作由松散自发向着目标引领方向演进，从而实现了国家社会对众创空间的角色期待与作用发挥。

本章采用案例分析法这一质性研究方法来例证扶持政策

创客合作网络

在不懂创客合作、不懂众创空间成果产生机理的明确诉求下的堆砌与无效,为研究众创空间创新成果形成及演化这样复杂而富于动态变化的过程性问题提供了科学的方法论。研究提出的从创客合作的过程视角来出台扶持政策有助于众创空间有效提升创新绩效,从而指导这一新兴产业的发展。同时,这一探索为其他类似具有松散自发的社会组织寻求适合的引导模式提供了借鉴和依据,对解决目前众创空间发展举步维艰的问题或难题提供了新的解决思路。

第八章　结论与展望

本书依托社会网络理论与知识转移理论,把众创空间创客合作网络作为研究对象,紧紧围绕其创新绩效展开研究,综合运用定性研究与实证研究的分析方法,对创客合作情况与创新绩效展开探讨。本书主要研究内容是:创客合作网络强弱连接、创客合作网络结构洞动态闭合与创客合作网络异质性,这三个维度分别与知识转移、创新绩效间的关系研究。

本书首先总结全文的关键结论与理论贡献;其次,结合众创空间管理实战,指出文章对各众创空间的实践指导意义;最后,就本书的局限性与未来的研究方向进行展望。

第一节 研究结论

一、研究结论

(1) 本书根据国内众创空间的实际现状,结合国内外文献,创新性地定义了创客及众创空间,并进一步对众创空间进行分类,探讨了实体型众创空间的运行模式。

(2) 本书通过对上海新车间的扎根理论研究,分别从三个视角下研究了它们与知识转移、创新绩效的协同演变过程。首先,从定性角度的探索性研究来看,关系视角关注的是强连接起始于弱连接建立、发展起来的过程,尤其是过程中的共同语言、感情与信任、准则或行为一致性;强连接能高效地提升隐性知识与复杂知识的转移效率,从而有利于实现创新成果。当然,创新成果又能反过来激励创客之间形成更加紧密的连接。总的来说,定性的探索性研发发现了强弱连接的动态演变过程。其次,扎根理论研究发现创客在创新大环境改善的现状中创意涌现,然而兑现创意难度比较大,此时的众创空间众人合力,充分发挥各自的异质性知识能力,共同在政府助力下轻松愉悦地创造出作品。最后,定性研究发现,合作网络中的结构洞有着明显的时间衰减效应,而且创新对结构洞带来的不重复的信息需求数量大、质量高，需要结构洞带来不重复信息后能及时加强联系，使创客能充分有效地利用、挖掘这些不重复信息，达到最优化利用。

（3）实证研究结论不仅证实了三个自变量对创新绩效的影响，而且发现三个自变量产生整合效应，共同作用于创新绩效；也进一步验证了知识转移的中介变量作用。实证分析得出三个维度对知识转移、创新绩效的影响机理，即检验了上面探索性研究的初始命题，也拓展了研究的普适性。笔者认为，合作网络结构洞是其强弱连接的深化与系统，结构洞内是弱连接，结构洞外是强连接；创客异质性与结构洞相互卷入，创客异质性等合作网络资本内嵌于网络结构，网络结构孕育社会资本，社会资本离开网络结构将失去生命力，网络结构无社会资本将失去存在的价值与意义。创客异质性与强弱连接相依相生。弱连接依靠异质性等社会资本生长为强连接，强连接进一步提升与体现社会资本的价值。没有社会资本，弱连接不能生长；离开强弱连接，社会资本不能转化体现其价值。

总的来说，三个维度共同作用于创客空间的创新绩效。具体表现为，结构洞聚集成型，洞内弱连接通过创客运动，发现评估未来合作伙伴，建立初步合作意向，共同活动，建立更深的情感与共鸣，挖掘各自的异质性资本，转化兑现创意，形成创意作品。互动整合框架比较全面地分析了创客合作网络对创新成果的作用机制，较好地吻合社会网络理论。

二、理论贡献

本书以创新绩效为核心,首先,对创客与众创空间进行界定,明确了文章的研究对象,并为后续研究画清界线、指明方向。其次,基于扎根理论的角度,从定性角度分别描述了创客合作网络结构洞、强弱连接关系与创客异质性对创新绩效的影响过程。最后,在探索性研究描述的初始命题基础上,采用实证研究方法,验证了社会网络的三个维度对知识转移、创新绩效的影响作用。本书的理论贡献主要体现在以下几方面:

(一) 将众创空间松散的创客群体作为研究对象

本书开创性地对众创空间创客合作网络进行了定性与定量研究,国内外对众创空间的研究还处于初级阶段。不仅如此,文章数据来源还覆盖了全国 17 家众创空间,具有较好的代表性与说服力。

(二) 将社会网络理论引入众创空间进行研究

(1) 本书从实地考察角度发现并创造性地提出"结构洞闭合"概念。针对创客这一特殊的松散型实践群体,探讨结构洞的闭合对知识转移与创新绩效的影响作用。已有研究中,绝大多数文献使用约束指数或间接约束指数来测算有限量的五个节点组成的网络中自我中心节点受其他节点的约束程度,以此间接反映结构洞数量,并代表整体网络结构洞数量参与到后续的计算中(蔡萌等,2011),存在相当大的改善空间。已有研究中也有采用问题项来测试结构洞数量的。

本书在借鉴调查结构洞数量的问题项基础上，自编题项调查结构洞闭合。已有研究大多集中在结构洞形成的原因、过程与动机。文章创造性从结构洞闭合的角度出发，深化了结构洞代表不重复信息的简单含义。研究结果表明合作网络结构洞从存在到闭合代表着不同质信息从转移到有效利用的过程。文章揭示了创客合作网络结构洞的演变过程，丰富了中西方现有的结构洞模型，有助于对不同研究对象、不同研究情景下合作网络结构洞模型进行探索。

（2）本书从强弱连接变化的视角，探讨松散型创客合作网络关系强弱对知识转移、创新绩效的影响机制。已有研究中对三者关系的研究都基于固定的社群网络，比如企业家的社会网络（唐文军）、研究学者（刘凤朝等）或发明者（栾春娟等）的社会网络；已有研究中对强弱连接的研究大多单纯研究强连接或弱连接。文章突破了现有研究框架，建立在创客合作网络变化过程上，整合了强连接优势理论与弱连接优势理论，更深刻和真实地刻画了创客这个独特群体的创新绩效作用机制。具体而言，创客合作网络关系连接能否由弱到强，关系到知识转移的可能性与成功性，也是创客创新能否出成果的关键。它们对创新绩效的作用明显呈现两极分化，弱连接对最终创新绩效作用微弱，强连接才对创新绩效最为有利。因此，他们之间合作的情感强弱连接、亲密程度、关系强弱连接与互动时间多少对强连接优势理论与弱连接优势理论的整合框架具有较强有力的解释力，为合作网络强弱连接的研究展现了一种全新的理论视角。

（3）本书就创客合作网络成员的技能异质性与职能异质性展开研究，发现创客合作网络内部异质性是创新成功的关键因素。已有研究中要么只探讨合作网络外部异质性对创新绩效的作用，要么探讨合作网络内外部异质性的交互作用，要么引入调节变量。文章通过对创客这种松散型群体的研究，发现内部异质性对创新绩效有显著正向影响作用。即创客合作网络内部异质性的技能异质性与职能异质性，是创新绩效的资本源泉。本书对创客合作网络内部异质性的深入探讨，丰富和完善了现有的异质性研究体系。

综上所述，对社会网络的研究者众，但同时对社会网络的结构洞、强弱连接与异质性三个维度展开研究者寡。而且结合新的研究对象，分别从新的视角对上述三个维度展开研究者寡之又寡。

（三）提示了众创空间创客合作网络对创新绩效的影响

本书从某种程度上将创客合作网络结构洞闭合、强弱连接与异质性的研究框架整合到一起，揭示了它们之间与知识转移、创新绩效的作用机制。知识转移在创客合作网络结构洞闭合与创新绩效间关系起着部分中介作用。而结构洞从存在到闭合的过程有可能伴随着创客合作网络关系由弱到强的过程，研究结果将合作网络结构洞与强弱连接有机联系起来，从该视角来研究合作网络，继而为揭开合作创新绩效的改善提供新的研究思路。知识转移程度决定了创客的动手能力与技术提升能力，而异质性是不同质知识信息的最终来源。强弱连接与结构洞也是合作网络异质性的不同表现形式。

具体而言，结构洞内是弱连接，结构洞外是强连接；创客合作网络异质性等社会资本内嵌于合作网络结构洞，合作网络结构洞孕育社会资本；弱连接依靠异质性等社会资本生长为强连接，强连接进一步提升与体现社会资本的价值。结构洞、强弱连接与异质性资本是社会网络的三个维度，同时也是层层递进的维度：结构洞搭建聚集松散型人群，通过互动交流，在潜在异质性资本的吸引下，弱连接向强连接转化，松散型网络转向相对固定型社会网络，强连接挖掘吸收、转化利用异质性资本，产生创新绩效。本书在基于实地考察发现的基础上，采用定性与定量相结合的方式，探讨了社会网络的三个维度对创新绩效影响过程中的互动整合，不仅为合作网络与创新绩效间的研究探出了新的研究视角，而且极大地丰富了社会网络与创新绩效间的理论与实证研究框架。

三、实践意义

自 2014 年的中央经济工作会议，2015 年李克强总理在两会上的强调，到 2016 年的两会上，李克强总理进一步强调，都明确指出将创新落实到经济发展的全面活动中来。可见，经济、政治与全社会对创新需求的大环境，促使众创空间不仅是为人们提供一个实现创意的空间，更需要众创空间能提高创新绩效，能产生更多的创新效益，能成为支撑经济发展的新兴力量。因此，提升众创空间创新绩效，以及创新成果的转换成为当前社会发展经济的重要手段。众创空间也承载了推动全社会全面创新的历史使命。因此,众创空间如何生存与发展,如何保障与提升众创空间的创新绩效,成为创新驱动经济的关键现实问题。本书从创客合作网络的角度揭示了众创空间创新绩效的产生过程及知识转移的中介作用,得到一些有价值的结论与启发,希望可以为众创空间的发展与创新绩效的改善提供理论借鉴与参考。

(一) 合作网络结构洞对提升创新绩效的启迪

研究证实创客合作网络结构洞由存在到闭合能对创新绩效产生显著正效应。笔者在实地考察过程中也发现部分众创空间任由创客自由松散地发展,对创客缺乏必要的组织管理,也就是任由结构洞的存在,而缺乏必要的手段或制度及方式促使结构洞的闭合。研究结果对众创空间的意义在于:

其一,众创空间必须不间断地寻找新的创客,不断地累积结构洞数量,众创空间"开放日"正在完成这个任务。还可以加大宣传,吸引更多创客来到空间,搭建结构洞数量。其二,众创空间不断地推出各种活动促使信息顺着结构洞内流动、转移与利用,力争使结构洞趋于闭合。

具体操作上,可以充分利用时间与空间上的近距离接触,使创客间达到多场次多主题的交流,最大程度地寻找,认识志同道合者,进行创意碰撞。结构洞的强弱更迭交互,以及网络整合闭合能力对创新绩效有很大的促进作用。

(二) 合作网络强弱连接对提升创新绩效的启迪

研究证实创客合作网络强弱连接由弱连接到强连接能对创新绩效产生显著正效应。创客是动手能力特别强的独特群体，不同于 Burt 提出的寻找工作只是简单信息，结构洞提供的不同质信息即使能带来不同的思路以及思维的启发，如若不能进行深度交流，那么信息接受者很可能由于自身能力有限而不能将信息知识有效用于创新成果的制作上。

事实上，创客获取信息知识受到空间距离、异质性知识源及潜在成本影响。当创客从城市的不同方向不同区域聚集到众创空间，此时他们首先要搜寻自己需要的知识源，并对其知识技能掌握程度有个主观的评估后，才开始向知识转移方向努力。认知心理学认为人们总是倾向于采取路径最短、能耗最低的方式。潜在成本主要基于尊重、信任与互惠原则。因此，众创空间有必要构建知识地图、搭建知识仓库，积极地帮助创客在最短时间内搜寻到意向知识源。促使他们由弱连接向强连接转化。这个结果表明，对于众创空间的管理不能过于自发与松散，任由志愿者做些最基础的维护工作不利于创新绩效的产生。创客空间要成为创新创业的发源地，成为国家经济发展的新动力，就必须有效促进创客间合作关系由弱连接到强连接。

（三）合作网络异质性对提升创新绩效的启迪

研究验证了创客合作网络内部异质性对创新绩效产生显著正向作用。研究结果对众创空间的价值在于：

一是要不断地发现与了解现有创客的各种技能与职能，寻找和扩大异质性信息知识的储备，将他们可能的价值最大化。

二是经常性开展各类主题活动，尽可能促进创客间的交流与合作，加大异质性信息知识的转化率与利用率，从而最终提升创新绩效。

结构洞从存在到闭合、创客合作网络关系由弱到强正是异质性的信息知识被转移利用的过程，研究结果在一定程度上揭开了合作网络与创新绩效关系的"黑箱"，异质性的信息知识或能力是黑箱的核心，而结构洞与强弱连接是异质性信息知识的表现形式和转移的途径。

因此，对众创空间的建议：加大宣传，增加开放日，构建创客知识源地图，开展各种主题活动，积极促进创客按图索骥，迅速闭合结构洞，建立强连接，转化知识，提升创新绩效。

综上所述，在中国经济战略转型的大背景下，由众多知名创客空间探索出的创客合作路径无疑具有重要的实践借鉴意义。

第二节　研究局限与展望

一、研究局限

本书在已有的少量研究基础上，尽管探索得到一定实践意义的观点，但仍有待进一步完善和补充。

（1）研究样本量可进一步补充。据中国创客联盟四年前调研数据显示,全国仅有 59 个实体型众创空间、不足 1 万名创客。现在虽然有 5500 多家众创空间,几万名创客,然而,现有的创客绝大多都是业余爱好型,仅在上海新车间见到几位专职创客。所以本书的不足之处在于数据的采集难度偏大,样本数量有待继续扩大。尤其是基于扎根理论的探索性研究仅使用了上海新车间一家案例,使得研究的普适性受到挑战。

(2) 研究模型可进一步优化。本书将创客定位于动手能力特别强的创新成员,整合了合作网络的三个维度,与已有相关文献相比,研究维度还不够多,不够深,还有待进一步引入更多维度,从更深的视角进行探索。

二、研究展望

自李克强总理成为柴火创客空间名誉会员后,创客数量爆发式增长。文章仅从当前急需建立与维护的创客合作网络关注了创新绩效。展望未来,困扰创客创新发展的方面有:

(一) 创客个体层面的研究

首先,创客有哪些特征与类型?各媒体期刊,各知名空间创始人都定义创客,这些定义能描述创客吗?

其次,本书仅从众创空间的角度,对创客合作网络重要性进行了认识。对于创客内在的激励模式,创客的具体创新模式、合作路径、沟通管理、利益分配机制等课题国外有少量研究,中国的创客必然成为重要研究选题,期待探索、补充和完善。

（二）创客合作网络的研究

首先，本书只考虑了创客合作网络内部的几个维度，未来可就合作网络中每一个维度进行深入细致的研究，还可多考察些其他的维度。从合作内部变量来看，本书仅从合作网络层面探讨如何将松散的群体整合得更有绩效，然而在政府的大力支持与号召下，虽然各地众创空间如雨后春笋般建立，但困扰众创空间成长的第一大难题是缺乏资深创客，资深创客是需要时间积累的。因此，未来的研究方向可考虑从团队建设与管理层面切入探讨。

其次，可以从创客合作的外部变量进行研究，比如创新大环境，可以对本书提到但无力进行研究的开源平台、众筹平台、3D 打印等展开研究，考察它们与创新绩效间的关系。

（三）可从创客合作的前因变量和后续变量进行研究

比如，合作条件的研究，创客与创客间在何种条件下能迅速由弱连接转化为强连接。再如创客的创新创业路径的研究，创新绩效如何转化为生产力等后续研究。

综上所述，笔者认为，目前对众创空间合作网络的研究刚刚开始，中国的创客环境同其他国家有较大差异，未来的研究将努力探索出提升具有中国国情的众创空间绩效发展之路。

当然，很多权变因素可能会影响到创客合作网络及其创新成果。因此，学者们可以从多元化的视角对创客合作网络进行研究。

附录1 "众创空间创客合作网络与创新绩效研究"调查问卷

尊敬的先生/女士：您好！

非常感谢您在百忙之中抽出时间来参与此次问卷调查！我们是中国科学技术大学管理学院的创新研究团队，本问卷旨在调查创客合作网络对创新绩效的影响机制，从而为提升我国众创空间的发展提供对策建议。您的填写将对此有非常大的贡献。

我们承诺您提供的信息会受到严格保密，所得信息仅备用于科学研究，不会用于任何商业用途。在未征得同意时，本调研所产生的报告（或论文）不会提及具体的空间及个人名称，敬请您根据自己真实感受和想法放心作答！再次感谢您的合作！

最后，祝您身体健康，工作顺利！

中国科学技术大学创新研究

说明：本问卷的题目无对错之分，请您根据所在实际情况在您认为合适的选项上打"√"。因为问卷填写不完整会使您的问卷失去研究价值，所以请不要遗漏任何一项。谢谢！

温馨提示：本调查表由背景信息、合作情况、创客合作位置、创客个人情况、创客间沟通情况和创客合作成果情况六个部分组成，一共有45道题，共4页。

第一部分：背景信息

1. 您所在的众创空间名称：

2. 您所在众创空间所在地：

3. 您的性别：男　　女

4. 您的年龄：29岁以下　30~39岁　40~49岁　50岁以上

5. 您的文化程度：中学及以下　大专　本科　研究生

6. 您的职位：高层管理者　中层管理者　基层管理者　普通职员

7. 您的工作所属产业：互联网　文化创意　农林牧渔　智能硬件　金融　电子通信设备　移动互联网　电商　医疗健康　环保能源　先进制造　消费服务　社会创新与教育　生物

8. 您的创客年限：　　年

附录1 "众创空间创客合作网络与创新绩效研究"调查问卷

第二部分：合作情况

创客的合作情况调查：1表示非常不同意，5表示非常认同。请选择一个最符合您最直接的想法、感觉或行为的选项画"√"，或将相应的数字改成红色，或做上任何标识即可。下面几部分相同。

1. 本人与其他会员接触次数较多	1	2	3	4	5
2. 本人与其他会员接触次数较少	1	2	3	4	5
3. 本人与少量会员间较熟悉	1	2	3	4	5
4. 本人与会员间关系较强	1	2	3	4	5
5. 本人与少部分会员联系紧密	1	2	3	4	5
6. 本人每周花较多时间与其他会员沟通交流	1	2	3	4	5
7. 本人与大部分会员联系松散	1	2	3	4	5
8. 本人与大部分会员接触时间较少	1	2	3	4	5
9. 本人与大部分会员不太熟悉	1	2	3	4	5

第三部分：创客合作位置

创客合作位置情况：1表示非常不同意，5表示非常认同。

1. 本人清楚地知道与其他会员间关系的紧密程度	1	2	3	4	5
2. 本人能辨识各个会员之间关系的紧密程度	1	2	3	4	5
3. 互不认识的会员通过我间接中转信息与资本	1	2	3	4	5
4. 通过我中转信息与资本的会员数量多	1	2	3	4	5
5. 通过我中转时，我尽量促进他们自己合作	1	2	3	4	5

第四部分：创客个人情况

创客个人情况：1表示非常不同意，5表示非常认同。

1. 本人与其他会员来自各个不同的行业	1	2	3	4	5
2. 本人与其他会员学历跨度大	1	2	3	4	5
3. 本人与其他会员当年在校时所学专业不相同	1	2	3	4	5
4. 本人与其他会员学历较集中	1	2	3	4	5
5. 本人与其他会员来自社会各个不同职业	1	2	3	4	5

续表

创客个人情况：1 表示非常不同意，5 表示非常认同。					
6. 本人与其他会员来空间前拥有不同职务	1	2	3	4	5
7. 本人与其他会员来自不同民族	1	2	3	4	5
8. 本人与其他会员来空间持有不同目标	1	2	3	4	5
9. 本人与其他会员动手能力不相同	1	2	3	4	5
10. 本人与其他会员拥有不同创作技术	1	2	3	4	5
11. 本人与其他会员洞察力不相同	1	2	3	4	5
12. 本人与其他会员家乡是不同的地区	1	2	3	4	5
13. 本人与其他会员来自不同国家	1	2	3	4	5

第五部分：创客间沟通情况

创客沟通情况：1 表示非常不同意，5 表示非常认同。					
1. 本人的问题在会员交流过程中得到解决	1	2	3	4	5
2. 本人能在交流活动中获得工艺或产品创新理念与灵感	1	2	3	4	5
3. 本人对交流过程和交流频率感到满意	1	2	3	4	5
4. 与其他会员交流有助于减少或处理创作的失误	1	2	3	4	5
5. 本人与其他会员在交流合作中彼此信任	1	2	3	4	5
6. 会员交流活动使彼此更快更容易理解和掌握创新知识	1	2	3	4	5

第六部分：创客合作成果情况

创客合作成果情况：1 表示非常不同意，5 表示非常认同。					
1. 本人或其他会员成果创新程度高	1	2	3	4	5
2. 本人或其他会员创新数量多或创意多	1	2	3	4	5
3. 本人或其他会员推出新技术、新产品或新服务速度快	1	2	3	4	5
4. 本人或其他会员持续不断推出新技术、新产品或新服务	1	2	3	4	5
5. 本人或其他会员创新项目有较高独创性	1	2	3	4	5
6. 本人或其他会员创新项目走向市场的数量多	1	2	3	4	5

续表

创客合作成果情况：1 表示非常不同意，5 表示非常认同。					
7. 本人或其他会员创业项目数量多	1	2	3	4	5
8. 本人或其他会员创新项目数量增加快	1	2	3	4	5
9. 本人或其他会员知名度提高快	1	2	3	4	5
10. 本人或其他会员技术水平提高快	1	2	3	4	5

本问卷到此结束，再次感谢您的热心参与和积极合作！

如果您对我们的研究感兴趣，您可以留下自己的联系方式和意见，我们会将文章最终的研究结论反馈给您！您的联系方式：

附录 2 The questionnaire of maker's cooperative network and innovation performance

Dear sir/madam:

We are a research group from University of Science and Technology of China. Now we are organizing an investigation to understand the relationship between makers' cooperative network and innovation performance. We are sincerely inviting you to take part in the investigation. Your participation will contribute toward the development of crowd innovation space and your ongoing business.

We commit to keep all your information under wraps. The information collected will only be used for scientific research and will not be offered for any commercial purposes. Please feel free to answer the questionnaire according to your true feeling.

Thank you for you cooperation.

附录 2 The questionnaire of maker's cooperative network and innovation performance

1. Basic information about the innovation space

Name of the maker's space:
Located city of the maker's space:
Your gender: □male □female
Your age: □under the age of 29 □30~39 □40~49 □50 years of age or older
Your degree of education: □Middle school □junior college □undergraduate □postgraduate
Your position: □Top Managers □Middle Manager □first-line manager □clerk
Your industry: (others, Please indicate)
A. Internet +; B. Cultural and Creative Industry; C. agriculture; D. hardware design of intelligent; E. finance; F. O2O E-commerce; G. Medicine; H. pro-environment I. service; J. biology
The years of being maker:

2. Scale

2.1 Your cooperation					
According to the understanding or feeling to fill out, 1 represent strongly disagree, 5 represent strongly agree	Very disagree	Disagree	Uncertain	Agree	Very agree
1. I contact with each other frequently every week.	1	2	3	4	5
2. I have less communication with each other every week.	1	2	3	4	5

续表

2.1 Your cooperation

According to the understanding or feeling to fill out, 1 represent strongly disagree, 5 represent strongly agree	Very disagree	Disagree	Uncertain	Agree	Very agree
3. I are only familiar with a handful of other members.	1	2	3	4	5
4. I have strong relationship with other members.	1	2	3	4	5
5. I only keep close contact with few space members.	1	2	3	4	5
6. Every week, I spend much time to communicate with a few of other members.	1	2	3	4	5
7. I only keep loose contact with most of the other members.	1	2	3	4	5
8. I contact with most of the space members in frewtime.	1	2	3	4	5
9. I are not familiar with most of the other members.	1	2	3	4	5

2.2 Your location

According to the understanding or feeling to fill out, 1 represent strongly disagree, 5 represent strongly agree	Strongly disagree ↔ strongly agree				
1. I know how close the relationship between I and other members.	1	2	3	4	5
2. I can identify how close the relationship between each members.	1	2	3	4	5
3. The members who don't know each other transfer information and resource through me.	1	2	3	4	5
4. There are lots of members who transfer information through me.	1	2	3	4	5
5. I have chances control the information and resource transferred by it.	1	2	3	4	5

附录 2　The questionnaire of maker's cooperative network and innovation performance

2.3　Personal circumstances of Makers

According to the understanding or feeling to fill out, 1 represent strongly disagree, 5 represent strongly agree	Strongly disagree ↔ strongly agree				
1. I and other members come from different industries.	1	2	3	4	5
2. I and other members have different educational background: school to Phd.	1	2	3	4	5
3. I and other members have different specialized subject.	1	2	3	4	5
4. My and other members' educational background is same.	1	2	3	4	5
5. I and other members have different professions.	1	2	3	4	5
6. I and other members have different positions before coming to space.	1	2	3	4	5
7. I and other members come from different nations.	1	2	3	4	5
8. I and other members have different motives of joining in space.	1	2	3	4	5
9. I and other members have different abilities to work.	1	2	3	4	5
10. I and other members have different creative technologies.	1	2	3	4	5
11. I and other members have different insight.	1	2	3	4	5
12. I and other members come from different places.	1	2	3	4	5
13. I and other members come from different countries.	1	2	3	4	5

2.4　The communication between makers

1 represent strongly disagree, 5 represent strongly agree	Strongly disagree ↔ strongly agree				
1. My problem are resolved in the process of knowledge exchange.	1	2	3	4	5
2. I received technology or product innovation knowledge and inspiration from knowledge exchange activities.	1	2	3	4	5
3. I satisfied with the communication process and communication frequency.	1	2	3	4	5
4. Knowledge exchange activities help members reduce or solve errors.	1	2	3	4	5
5. There have confidence in maker's communication.	1	2	3	4	5
6. Knowledge exchange activities make members more quickly and easily master and understand the knowledge of pioneering work.	1	2	3	4	5

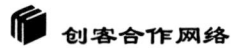

2.5 The cooperation results of makers

1 represent strongly disagree, 5 represent strongly agree	Strongly disagree ↔ strongly agree				
1. Members' achievements have high degree of innovate.	1	2	3	4	5
2. Members have high number of innovate and ideas.	1	2	3	4	5
3. Members introduced new technology, new products, or new services quickly.	1	2	3	4	5
4. Many members continued to launch new technology new product and new services.	1	2	3	4	5
5. Members' innovation projects have high ingenuity.	1	2	3	4	5
6. Many members' innovation project enter the market.	1	2	3	4	5
7. The success rate of members' innovation projects is high.	1	2	3	4	5
8. The number of members increase quickly.	1	2	3	4	5
9. The space's visibility raise quickly.	1	2	3	4	5
10. Member' technology levels increase quickly.	1	2	3	4	5

It is over. Thank you again!

附录3　关于空间管理层的深度访谈问卷

最初的开放性题项

1. 请问空间都为哪些人提供服务？现服务有多少人？都提供哪些服务？

2. 从创办到现在经历了哪些重大事件吗？是怎么回事？当时你是怎样想的？有人影响到你吗？他是如何影响到你的？

3. 从创办到现在发生哪些改变呢？造成改变的原因是什么？改变前后空间有哪些明显的变化？你是怎样描述空间变化的？

中间阶段问题

4. 在那场改变中，你是怎样的想法和感受？

5. 还有谁卷入其中，他们怎么卷入其中的？

6. 你是怎么去处理这些重大事件的？

7. 你怎样描述现在的空间是怎样的？对这种变化，哪些因素起了作用？

8. 当再回头看这几年的经历，你脑海里还有其他什么样的事件浮现出来吗？你能分别描述一下吗？这些事件是怎样影响所发生的事情的？你对事件或结果是怎样反应的？你最重要的收获是什么？

9. 在那段时间里，谁对你帮助最大？他是怎样帮到你的？对空间运作有重要影响的社会组织吗？（创投、风投、银行、政府政策、高校、科研机构、工商、税务、科技厅、行业协会、区管委、同行）它们怎样帮助的？发挥了什么样的作用？

10. 您看重创客间的合作吗？为促进创客间合作，您做过哪些努力？

11. 你能描述下空间最具代表性的一天吗？

线束性题项

12. 空间是怎么活下来的？能透露下空间去年的收入范围吗？你希望空间两年后成为什么样的？（100万元以下、100万～300万元、300万～1000万元、5000万元以上）

13. 你现在对空间最满意的是什么？能分别描述下空间的创新创业成果吗？

14. 在经历了以上经验之后，你会给国内其他空间一些什么建议？

15. 有什么之前你没想到的，而在这次访谈中突然出现或想起的事情？

附录4　关于创始人的深度访谈问卷

最初的开放性题项

16. 你基于何原因于哪年创办这家空间？从创办到现在你个人生活经历哪些重大改变吗？是怎么回事？当时你是怎样想的？有人影响到你吗？他是如何影响到你的？

17. 有什么组织影响到你的生活呢？改变前后你有哪些明显变化？你是怎样描述自己变化的？

中间阶段问题

18. 在那场改变中，你是怎样的想法和感受？

19. 还有谁卷入其中，他们怎么卷入其中的？

20. 从重大事件后，你对于空间的想法和感受发生了怎样的变化？你最重要的收获是什么？

21. 从重大事件后，你的生命中发生了哪些积极的变化？哪些消极的变化？如果有的话。

22. 你能描述下你来空间后，一天是怎么过的吗？

23. 你怎样描述你现在是怎样一个人？对这种变化，哪些因素起了作用？

24. 在这儿的日子，你和哪些人关系较强？和哪些人关系较弱？这些关系给你的创作是积极影响还是消极影响？他们是如何影响到你的？

25. 从创办起，可有社会资本帮到你？都有哪些社会资本？

26. 你还希望有哪些组织能帮到你？都是些什么组织？

线束性题项

27. 你和你的家庭靠什么生活？希望两年后自己成为什么样？

28. 你现在最满意自己的是什么？别人最满意你的是什么？

29. 在经历了以上经验之后，你会给国内其他一些创办人或打算创办空间的同行些什么建议？

30. 有什么之前你没想到的，而在这次访谈中实然出现或想起的事情？

31. 你觉得还有什么事情能让我更好地理解？

附录5 关于创客的深度访谈问卷

最初的开放性题项

32. 请问你通过什么途径了解到这家空间？它哪些方面吸引了你或你基于何种考虑何时加入进来的？你的创客年限是多长？

33. 你来了后经历了哪些重大事件吗？是怎么回事？当时你是怎样想的？有人影响到你吗？他是如何影响到你的？

34. 你来了后有发生改变吗？造成改变的原因是什么？改变前后有哪些明显变化？你是怎样描述自己的变化的？

中间阶段问题

35. 还有谁卷入其中，他们怎么卷入其中的？

36. 你是怎么去处理这些重大事件的？从重大事件后，你对于自己的想法和感受发生了怎样的变化？你最重要的收获是什么？对这种变化，哪些因素起作用？

37. 从重大事件后,你的生命中发生了哪些积极的与消极的变化?如果有的话。

38. 当再回头看这几年的创客生涯,你脑海里还有其他什么样的事件浮现出来吗?你能分别描述一下吗?这些事件是怎样影响所发生的事情的?你对事件或结果是怎样反应的?你最重要的收获是什么?

39. 在那段时间里,谁对你帮助最大?他是怎样帮到你的?你和多少人联系较强?和多少人联系较弱?对空间其他会员,你信任他们吗?

40. 在你的创作生涯中,除这个空间外,社会上有什么组织发挥过作用吗?它们怎样帮助你的?发挥了什么样的作用?

41. 你能描述下你来空间后最具代表性的一天吗?

42. 与其他创客是怎么合作的?是靠合同契约还是关系还是松散的联系还是?

线束性题项

43. 你希望自己两年后成为什么样的?你现在最满意自己的是什么?别人最满意你的是什么?你来空间后的成果有哪些?

44. 和加入空间前相比,你的幸福感增加了吗?哪些方面增加了,能谈谈吗?

45. 在经历了以上经验之后,你会给国内其他创客一些什么建议?

46. 有什么之前你没想到的，而在这次访谈中实然出现或想起的事情？

47. 你觉得还有什么事情能让我更好地理解？

参考文献

[1] Adler P S, Kwon S W. Social capital: Prospects for a new concept [J]. Academy of Management Review, 2002, 27 (1): 17-40.

[2] Ahuja G. Collaboration networks, structural holes, and innovation: A longitudinal study [J]. Administrative Science Quarterly, 2000, 45 (3): 425-455.

[3] Aldich H, Zimmer C. Entrepreneurship through social networks [M]. Ballinger Publishing Company, 1986.

[4] Alessandro N, Rossi A. Modularity in Action: GNU/Linux and Free/Open Source Software. Development Model Unleashed [D]. Working Paper, 2003.

[5] Amason, Allen C, Shrade, George H. Newness and novelty: Relating top management team composition to new venture performance [J]. Journal of Business Venturing, 2006 (21): 125-148.

[6] Anderson C. Makers: The new industrial revolution [M]. Crown Business, 2012.

[7] Anderson C. The long tail: Why the future of business is selling less of more [M]. Hachette Digital Inc., 2006.

[8] Ariely D, Jones S. Predictably irrational [M]. Harper Collins, 2008.

[9] Asmussen C G, Foss N J, Pedersen T. Knowledge transfer and accommodation effects in multinational corporations: Evidence from European subsidiaries [J]. Journal of Management, 2013, 39 (6): 1397-1429.

[10] Battistella C, Nonino F. Open innovation web-based platforms: The impact of different forms of motivation on collaboration [J]. Innovation: Management Policy & Practice, 2012, 14 (4): 557-575.

[11] Battistella C, Nonino F. Exploring the impact of motivations on the attraction of innovation roles in open innovation web-based platforms [J]. Production Planning & Control, 2013, 24 (2-3): 226-245.

[12] Bauwens M, Mendoza N, Iacomella F. A Synthetic overview of the collaborative economy [M]. Orange Labs and P2P Foundation, 2012.

[13] Benner M J, Tushman M L. Process management and technological innovation: A longitudinal study of the photography and paint industries [J]. Administration Science Quarterly, 2002

(47): 676-706.

[14] Bennis W, Nanus B. Leaders: The strategies for taking charge [M]. New York: Harper & Row, 1985.

[15] Berelson B. Content analysis in communication research [M]. Free Press. 1952.

[16] Berthon P, Hulbert J, Pitt L F. To serve or create? Strategic orientations towards customers and innovation [J]. California Management Review, 1999 (42): 37-58.

[17] Bierly P P, Daly S. Exploration and exploitation in small manufacturing firms [J]. 61th Annual Meeting Acad, Management, Washington, D. C., 2001 (3): 7-14.

[18] Birkinshaw J, Gibson C. Building ambidexterity into an organization [J]. MIT Sloan Management Review, 2004, 45 (4): 47-55.

[19] Björgvinsson E, Ehn P, Hillgren P A. Participatory design and democratizing innovation [J]. Proceedings of the 11th Biennial, 2010 (1): 41-50.

[20] Boerner S, Eisenbeiss S A, Griesser D. Follower behavior and organizational performance: The impact of transformational leaders [J]. Journal of Leadership & Organizational Studies, 2007, 13 (3): 15-26.

[21] Bourdieu P. "The Forms of Capital" in John Richardson [M]//Handbook of Theory and Research for the Sociology of Education[M]. New York: Greenwood Press, 1986.

[22] Bower J L, Christensen C M. Disruptive technologies: Catching the wave [J]. HBR, 1995 (1): 7-14.

[23] Bradach J L. Using the plural form in the management of restaurant chains [J]. Administrative Science Quarterly, 1997, 42 (2): 276-303.

[24] Breschi S, Malerba F. Sectoral innovation systems: Technological regimes, schumpeterian dynamics, and spatial boundaries [C] //Edquist C (Eds.) Systems of Innovations [M]. London: Pinter, 1997.

[25] Borgatti S P, Halgin D S. On network theory [J]. Organization Science, 2011, 22 (5): 1168-1181.

[26] Borges J L, Dreamtigers. University of texas [M]. Press Reprint, 1985.

[27] Burroughs J, Mick D G. Exploring antecedents and consequences of customer creativity in a problem – solving context [J]. Journal of Consumer Research, 2004, 31 (32): 402-411.

[28] Burt R S. Structural holes: The social structure of competition [M]. Cambridge: Harvard University Press, 1992.

[29] Burt R S. Structural holes and good ideas [J]. American Journal of Sociology, 2004, 110 (2): 349-399.

[30] Burt R S. Secondhand Brokerage: Evidence on the importance of local structure for managers, bankers and analysts [J]. Academy of Management Journal, 2007, 50 (1): 119-148.

[31] Burt R S. Industry performance and indirect access to

structural holes [J]. Advances in Strategic Management, 2008 (25): 315 -360.

[32] Burt R S. Network - related personality and the agency question: Multirole evidence from a virtual world [J]. American Journal of Sociology, 2012, 118 (3): 543 -591.

[33] Cassiman B, Veugelers R. In search of complementarity in innovation strategy: Internal R&D, Cooperation in R&D and external technology acquisition [J]. Management Science, 2006, 52 (1): 68 -82.

[34] Cavusgil S T, Calantone R J, Zhao Y. Tacit knowledge transfer and firm innovation capability [J]. The Journal of Business & Industrial Marketing, 2003, 18 (1): 6 -21.

[35] Chesbrough H, Crowther A. Beyond high - tech: Early adopters of open innovation in other industries [J]. R&D Management, 2006, 36 (3): 229 -236.

[36] Chesbrough H W. Open innovation: The new imperative for creating and profiting from technology [M]. Harvard Business Press, 2003.

[37] Chesbrough H W, Vanhaverbeke, West J. Open innovation: Researching a new paradigm [M]. Oxford University Press, 2003.

[38] Chesbrough H, Schwartz K. Innovating business models with co - development partnerships [J]. Research Technology Management, 2007 (50): 55 -59.

[39] Chesbrough H W. The era of open innovation [J]. Mit Sloan Management Review, 2003 (44): 35-41.

[40] Christian L. Characteristics of innovating users in a consumer goods field: An empirical study of sport-related product consumers [J]. Technovation, 2004, 24 (9): 683-695.

[41] Clay A, Phillips K M. The misfit economy: Lessons in creativity from pirates, hackers, gangsters and other informal entrepreneurs [J]. Tantor Media Inc. , Unabridged, 2015 (6): 16.

[42] Coase R H. The nature of the firm [J]. Economica, 1937.

[43] Coccia M. Spatial mobility of knowledge transfer and absorptive capacity: Analysis and measurement of the impact within the geoeconomic space [J]. Journal of Technology Transfer, 2008 (33): 105-122.

[44] Coleman J S. Foundation of social theory [M]. Cambridge: The Belknap Press, 1990.

[45] Coleman J S. Social capital in the creation of human capital [J]. American Journal of Sociology, 1988 (1): 94-120.

[46] Cooke P, Braczyk H J, Heidenreich M H. Regional innovation systems: The role of governance in the globalized world [M]. London: UCL Press, 1996.

[47] Cooper R G. The performance impact of product innovation strategies [J]. European Journal of Marketing, 1984, 18 (5): 5-54.

[48] Corredoira P, Rosenkopf L. Should auld acquaintance be forgot? The reverse transfer of knowledge through mobility ties [J]. Strategic Management Journal, 2010 (31): 159 – 181.

[49] Cowan R, David P A, Foray D. The explicit economics of knowledge codification and tacitness [J]. Industrial and Corporate Change, 2000, 9 (2): 211 – 253.

[50] Crawford E, Shinn T S, Sörlin. Denationalizing science: The contexts of international scientific practice [M]. Tor Books Rezssue, 1993.

[51] Crumpton M A. Fines, fees and funding: Makerspaces standing apart [J]. Bottom Line, 2015, 28 (3): 7 – 14.

[52] Daellenbach U S, Mccarthy A M, Schoenecker A M. Commitment to innovation: The impact of top management team characteristics [J]. R&D Management, 1999, 29 (3): 199 – 208.

[53] Dahlander L, Gann D M. How open is innovation? [J]. Research Policy, 2010, 39 (6): 699 – 709.

[54] Doctorow C. Makers [M]. Tor Books Reissue, 2010.

[55] Downe B, Wamboldt. Content analysis: Method, applications, and issues [J]. Health Care Women Int., 1992, 13 (3): 313 – 321.

[56] Drucker P F. Knowledge – worker productivity: The biggest challenge [J]. California Management Review, 1999, 41 (2): 78 – 94.

[57] Durlauf S, Fafchamps M. Empirical studies of social capital: A critical survey [M]. Mimeo: University of Wisconsin, 2003.

[58] Easterby-Smith M, Lyles M A, et al. Inter-organizational knowledge transfer: Current themes and future prospects [J]. Journal of Management Studies, 2008 (45): 677-690.

[59] Eisenhardt D, Menzel R. Extinction learning, reconsolidation and the internal reinforcement hypothesis [J]. Neurobiology of Learning & Memory, 2007, 87 (2): 167.

[60] Ely R J, Thomas D A. Cultural diversity at work: The effects of diversity perspectives on work group processes and outcomes [J]. Administrative Science Quarterly, 2001 (46): 229-273.

[61] Emirbayer M J, Goodwin J. Network analysis, culture and the problem of agency [J]. American Journal of Sociology, 1994, 99 (6): 1411-1454.

[62] Enkel E O, Gassmann H Chesbrough. Open R&D and open innovation: Exploring the phenomenon [J]. R&D Management, 2009 (1): 7-14.

[63] Ensley M D, Pearson A W, Amason A C. Understanding the dynamics of new venture top management teams cohesion, conflict and new venture performance [J]. Journal of Business Venturing, 2002 (17): 365-386.

[64] Finkelstein S, Hambrick D C. Top-management-

team tenure and organization iutcomes: The moderating role of management discretion [J]. Administrative Science Quarterly, 1990 (35): 484 – 503.

[65] Freeman C. Networks of innovators: Synthesis of research issues [J]. Research Polity, 1991, 20 (5): 499 – 514.

[66] Gathmann C, Schnberg U. How general is specific human capital? A task based approach [J]. Journal of Labor Economics, 2010, 28 (1): 1 – 50.

[67] Gassmann O. Opening up the innovation process: Towards an agenda [J]. R&D Management, 2006 (3): 223 – 228.

[68] Gershenfeld N. FAB: The coming revolution on your desktop – from personal computers to personal fabrication [M]. New York: Basic Books, 2005.

[69] Gilsing V, Nootebom B. Density and strength of ties innovation networks: A nalysis of multimedia and bio – technology [J]. European Management Review, 2005 (2): 179 – 197.

[70] Gilsing V, Nooteboom B, Vanhaverbeke W, et al. Network embeddedness and the exploration of novel technologies: Technological distance, betweenness centrality and density [J]. Research Policy, 2008, 37 (10): 1717 – 1731.

[71] Grabher G. The embedded firm: The socioeconomic of industrial networks [M]. London: Routledge, 1993.

[72] Graf H, Krager J. The performance of gatekeepers in

innovator networks [J]. Industry & Innovation, 2011, 18 (1): 69 - 88.

[73] Granovetter M S. The strength of weak ties [J]. American Journal of Sociology, 1973, 78 (6): 1360 - 1380.

[74] Hall A, Wellmna B. Social networks and social support [M]. Orlando FL: Academic Press, 1995.

[75] Hanifan L J. The rural school community centre [J]. Annals of the Americal Academy of Political and Social Science, 1916 (1): 67 - 130.

[76] Hastbacka M A. Open innovation: What's mine is mine. What if yours could be mine, too? [J]. Technology Management Journal, 2004 (12): 1 - 3.

[77] Hatch M. The maker movement manifesto: Rules for innovation in the New World of crafters, hackers, and tinkerers [J]. McGraw - Hill Education, 2013 (9): 25.

[78] Hayek F A. The use of knowledge in socity [J]. The American Economic Review, 1945 (1): 7 - 14.

[79] Henneke D, Luthje C. Interdisciplinary heterogeneity as a catalyst for product innovativeness of entrepreneurial teams [J]. Creativity and Innovation Management, 2002 (16): 121 - 132.

[80] Henry W. Chesbrough. Open innovation: The new imperative for creating and profiting from technolog [M]. Harvard Business School Press, 2003.

[81] Heyden M L, Doorn S V, Reimer M, et al. Perceived environ-mental dynamism, relative competitive performance and top management team heterogeneity: Examining correlates of upper echelons' advice-seeking [J]. Organization Studies, 2013 (34): 1327-1356.

[82] Hmieleski, Keith M, Ensle A. Contextual examination of new venture performance: Entrepreneur leadership behavior, top management team heterogeneity and environmental dynamism [J]. Journal of Organizational Behavior, 2007 (28): 86-889.

[83] Hoang H, Antoncic B. Network-based research in entrepreneurship: A critical review [J]. Journal of Business Venturing, 2003 (18): 165-187.

[84] Howells J R L. Tacit knowledge, innovation and economic geography [J]. Urban Studies, 2002, 39 (5-6): 871-884.

[85] Hsien S L, Chien T H. Knowledge transfer and competitive advantage on environmental uncertainty: An empirical study of the taiwan semiconductor industry [J]. Technovation, 2007 (27): 402-411.

[86] Hsieh H F, Sarah E. Shannon. Three approaches to qualitative content analysis [M]. Qualitative Health Research, 2005.

[87] Hurst E, Lusardi A. Liquidity constraints, household wealth, and entrepreneurship [J]. Journal of Political Economy,

2004 (112): 319-347.

[88] Hippel V E. Democratizing innovation [M]. Cambridge: Massachusetts, 2005.

[89] Hippel V E. Democratizing innovation: The evolving phenomenon of user innovation [J]. International Journal of Innovation Science, 2009, 1 (1): 29-40.

[90] Hippel V E, Katz R. Shifting innovation to users via toolkits [J]. Management Science, 2002, 48 (7): 821-833.

[91] Isaacson W. Steve Jobs [M]. Harvard Business School Press, 2011.

[92] Jakubik M. Becoming to know shifting the knowledge creation paradigm [J]. Journal of Knowledge Management, 2011, 15 (3): 374-402.

[93] Jiang H, Fallah M H. Is inventor network structure a predictor of cluster evolution? [C]. Management of Engineering and Technology, 2007 (76): 499-509.

[94] Kamel Boulos M N, Wheeler S. The emerging web 2.0 social software: An enabling suite of sociable technologies in health and health care education [J]. Health Information & Libraries Journal, 2007, 24 (1): 2-23.

[95] Kera D. Nano Smano lab: Disruptive prototypes and experimental governance of nanotechnologies in the hackerspaces [J]. Journal of Science Communication, 2012, 11 (4): 37-49.

[96] Kevin J Boudreau, Karim R Lakhani. Using the crowd as an innovation partner [J]. Harvard Business Review, 2013 (4): 61 -69.

[97] Kijkuit B, Van E J. With a little help from our colleagues: A longitudinal study of social networks for innovation [J]. Organization Studies, 2010, 31 (4): 451 -479.

[98] Krackhardt, David, Jeffrey R. Hanson "informal networks: The company behind the chart" [J]. Harvard Business Review, 1993 (July -Aug.): 104 -111.

[99] Kretschmer, Hildrun, Isidro F. Visibility of collaboration on the web [J]. Scientometrics, 2004, 61 (3): 405 -426.

[100] Laestadius S. The relevance of science and technology indicators: The case of pulp and paper [J]. Research Policy, 1998, 27 (4): 385 -395.

[101] Lanary R, Amara N, Lamari M. Does social capital determine innovation? To what extent [M]. Technological Forecasting & Social Change, 2002.

[102] Lawrence G, Mansour D C. User involvement in innovation projects: Toward an information processing model [J]. Journal of Engineering and Technology Management, 1995 (12): 77 - 109.

[103] Le Q, Panchal J H. Modeling the effect of product architecture on mass - collaborative processes [J]. Journal of Computing and Information Science in Engineering, 2011, 11

(1): 11-13.

[104] Leanne Bowler, Ryan Champagne. Mindful makers: Question prompts to help guide young people critical technical practices in maker spaces in libraries, museums and community-based youth organizations [J]. Library and Information Science Research, 2016, 38 (2): 7-14.

[105] Lee J. Heterogeneity, brokerage and innovative performance: Endogenous formation of collaborative inventor networks [J]. Organization Science, 2010, 21 (4): 804-822.

[106] Lee S M, Hwang T, Choi D. Open innovation in the public sector of leading countries [J]. Management Decision, 2012, 50 (1-2): 147-162.

[107] Lettl C, Herstatt C, Gemuenden H G. Users' contributions to radical innovation: Evidence from four cases in the field of medical equipment technology [J]. R&D Management, 2006, 36 (3): 251-272.

[108] Levin D Z, Cross R. The strength of weak ties you can trust: The mediating role of trust in effective knowledge transfer [J]. Management Science, 2004 (50): 1477-1490.

[109] Levy M. Web 2.0 implications on knowledge management [J]. Journal of Knowledge Management, 2009, 13 (1): 120-134.

[110] Lichtenthaler U. Open innovation: Past research, current debates and future directions [J]. Academy of Manage-

ment Perspectives, 2011 (2): 75 -93.

[111] Lindtner S, Li D. Created in China, The makings of China's hackerspace community [J]. Interactions, 2012 (6): 18 -20.

[112] Lin N, Dayton P W, Greenwald P. Analyzing the instrumental use of relations in the context of social structure [J]. Sociological Methods & Research, 1978, 7 (2): 149 -166.

[113] Liu B C, Madhavan R, Sudharshan D. DiffuNET: The impact of network structure on diffusion of innovation [J]. European Journal of Innovation Management, 2005, 8 (2): 240 -262.

[114] Ma H, Tan J. Key components and implications of entrepreneurship: A 4 - P framework [J]. Journal of Business Venturing, 2006 (21): 704 -725.

[115] Malhotra A, Majchrzak A. Managing crowds in innovation challenges [J]. California Management Review, 2014 (56): 103 -123.

[116] Marx K, Engels F. Manifesto of the communist party [M]. CH Kerr, 1906.

[117] Mason A, Carpenter. The implications of strategy and social context for the relationship between top management team heterogeneity and firm performance [J]. Strategic Management Journal, 2002, 23 (3): 275 -284.

[118] Maurer I, Bartsch V, Ebers M. The value of intra -

organizational social capital: How it fosters knowledge transfer, innovation performance, and growth [J]. Organization Studies, 2011, 32 (2): 157 – 185.

[119] Maxigas. Hacklabs and hackerspaces – tracing two genealogies [J]. Journal of Peer Production, 2012 (1): 7 – 14.

[120] Mazzola E, Perrone G, Kamuriwo D S. Network embedding and new product development in the biopharmaceutical industry: The moderating role of open innovation flow [J]. International Journal of Production Economics, 2015 (160): 106 – 119.

[121] Mello, Antonio S, Ruckes. Team composition [J]. Journal of Business, 2006, 79 (3): 1019 – 1039.

[122] Metcalfe J S, Coombs R. Organizing for innovation: Co – ordinating distributed innovation capabilities [J]. Competence, Governance, and Entrepreneurship: Advances in Economic Strategy Research, 2000 (1): 209 – 231.

[123] Miller D, Fern M J, Cardinal L B. The use of knowledge for technological innovation within diversified firms [J]. Academy of Management Journal, 2007, 50 (2): 308 – 326.

[124] Mitchell J C. The concept and use of social network [M]. Manchester University Press, 1969.

[125] Mittala V, John W, Huppertzb J W. Customer complaining: The role of tie strength and information control [J].

Journal of Retailing, 2008 (84): 195-204.

[126] Monica A, Zimmerman, Gerald J, Zeitz. Beyond survival: Achieving new venture growth by building legitimacy [J]. Academy of Management Review, 2002, 27 (3): 414-431.

[127] Moore W. The Maker [M]. Provectus Media, 2010.

[128] Moran P. Structural vs. Relational embeddedness: Social capital and managerial performance [J]. Strategic Management Journal, 2005, 26 (12): 1129-1151.

[129] Moreau C P, Dahl D W. Designing the solution: The impact of constraints on consumers' creativity [J]. Journal of Consumer Research, 2005, 32 (1): 13-22.

[130] Mowery D C, Oxley J E, Silverman B S. Strategic alliances and interfirm knowledge transfer [J]. Strategic Management Journal, 1996, 17 (S2): 77-91.

[131] Nelson R R, Winter S G. An evolutionary theory of economic change [M]. Harvard University Press, 2009.

[132] Nelson R R, Sidney G. Winter an evolutionary theory of economic change [M]. Cambridge: Belknap, 2005.

[133] Newell S. Managing knowledge work [M]. New York: Palgrave, 2002.

[134] Nonaka I. A dynamic theory of organizational knowledge creation [J]. Organization Science, 1994, 5 (1): 14-37.

[135] Nonaka I. The knowledge-creating company: How

Japanese companies create the dynamics of innovation [M]. Oxford: Oxford University Press, 1995.

[136] Oh W, Jeon S. Membership herding and network stability in the open source community: The Ising perspective [J]. Management Science, 2007, 53 (7): 1086 - 1101.

[137] Orlikowski W J. The algorithm and the crowd: Considering the materiality of service innovation [J]. MIS Quarterly, 2015 (39): 201 - 216.

[138] Ouchi W, Theory Z: How american business can meet the Japanese challenge [J]. Business Horizons, 1981 (1): 7 - 14.

[139] Panahi S, Watson J, Partridge H. Towards tacit knowledge sharing over social web tools [J]. Journal of Knowledge Management, 2013, 17 (3): 379 - 397.

[140] Phelps C C. A longitudinal study of the influence of alliance network structure and composition on firm exploratory innovation [J]. Academy of Management Journal, 2010, 53 (4): 890 - 913.

[141] Reisman A. Transfer of technologies: A cross - disciplinary taxonomy [J]. The International Journal of Management Science, 2005 (33): 189 - 202.

[142] Ricchiuto J. The power of network weaving [EB/OL]. http://networkweaver.blogspot.com/2009/08/power-of-network-weaving.html, 2013 -03 -04.

[143] Rochet J C, Tirole J. Two-sided markets: An overview [R]. IDEI Working Paper, 2004.

[144] Rogers E M. The nature of technology transfer [J]. Science Communication, 2002 (23): 323-341.

[145] Rosen W. The most powerful idea in the world: A story of steam, industry, and invention [M]. Random House, 2010.

[146] Rothaermel F T, Agung S D, Jiang L. University entrepreneurship: A taxonomy of the literature [J]. Industry and Corporate Change, 2007 (16): 691-701.

[147] Rothwell R. Successful industrial innovation: Critical factors for the 1990s [J]. R&D Management, 1992, 22 (3): 221-240.

[148] Sandhawalia B S, Dalcher D. Developing knowledge management capabilities: A structured approach [J]. Journal of Knowledge Management, 2011, 15 (2): 313-328.

[149] Sasovova Z, Mehra A, Borgatti S P. Network churn: The effects of self-monitoring personality on brokerage dynamics [J]. Administrative Science Quarterly, 2010, 55 (4): 639-670.

[150] Schilling M A, Phelps C C. Interfirm collaboration networks: The impact of large-scale network structure on firm innovation [J]. Management Science, 2007, 53 (7): 1113-1126.

[151] Schumpeter J A. Business cycles [M]. Cambridge University Press, 1939.

[152] Segman R. Communication technology: An historical view [J]. Journal of Technology Transfer, 1989 (14): 46-52.

[153] Shipilov A V, Li S X. The missing link: The effect of customers on the formation of relationships among producers in the multiplex triads [J]. Organization Science, 2012, 23 (2): 472-491.

[154] Simmel G. Conflict and the web of group-affiliations. The sociology of georg simmel [M]. The Free Press, 1955.

[155] Simonin B L. Ambiguity and the transfer of knowledge in strategic alliances [J]. Strategic Management Journal, 1999 (20): 595-623.

[156] Soda G, Usai A, Zaheer A. Network memory: The influence of past and current networks on performance [J]. Academy of Management Journal, 2004, 47 (6): 893-906.

[157] Surowiecki J. The wisdom of crowds: Why the many are smarter than the few and how collective wisdom shapes business [J]. Economies, Societies and Nations, 2004 (1): 7-14.

[158] Szulanski G. Exploring internal stickness: Impediments to the transfer of best practice within the firm [J]. Strategic Management Journal, 1996, 17 (1): 27-43.

[159] Teece D. Technology transfer by multinational firms: The resource cost of transferring technological know-how [J].

The Economic Journal, 1977 (87): 242 -261.

[160] Teemu Santonen. Creating the foundations for mass innovation: Implementing national open innovation system (NOIS) as a part of higher education [J]. Proceedings of the 2nd ISPIM Innovation Symposium, 2009 (12): 6 -9.

[161] The age of mass innovation [EB/OL]. http://www.Economist.com/node/ 9928291, 2007.

[162] Troxler P. Common - based peer - production of physical goods [C]. The 3rd Free Culture Research Conference, Berlin, 2010.

[163] Uzzi B, Lancaster R. Relational embeddedness and learning: The case of bank loan managers and their clients [J]. Management Science, 2003, 49 (4): 383 -399.

[164] Wallace W. The logic of science in sociology [J]. Chicago: Transaction Publisher, 1971.

[165] Webb M. South Korea: Mass innovation comes of age [M]. Printed by the Good News Press, 2007.

[166] Wernerfelt B. A resource - based view of the firm [J]. Strategic Management Journal, 1984 (5): 171 -180.

[167] West J, Gallagher S. Challenges of open innovation: The paradox of firm investment in open - source software [J]. R&D Management, 2006, 36 (3): 319 -331.

[168] Williams K Y, Reilly C A. Demography and diversity in organizations: A review of 40 years of research [J]. Research

in Organizational Behavior, 1998 (20): 77 - 140.

[169] Yang J, Alejandro T G B, Boles J S. The role of social capital and knowledge transfer in selling center performance [J]. Journal of Business & Industrial Marketing, 2011, 26 (3): 152 - 161.

[170] Yasmin H S, Edward J W, Walid K S. Social networks of author - coauthor relationships [J]. Computational Statistics & Data Analysis, 2008 (52): 2177 - 2184.

[171] Zaheer A, Bell G. Benefiting from network position: Firm capabilities, structural holes, and performance [J]. Strategic Management Journal, 2005, 26 (9): 809 - 825.

[172] Zaheer A, Soda G. Network evolution: The origins of structural holes [J]. Administrative Science Quarterly, 2009 (54): 1 - 31.

[173] Zenger T, Lawrence B. Organizational demography: The differential effects of age and tenure on communication [J]. Academy of Management Journal, 1989 (32): 353 - 376.

[174] Zhixing X, Anne S, Tsui. When brokers may not work: The cultural contingency of social capital in Chinese high - tech firms [J]. Administrative Science Quarterly, 2007, 52 (1): 7 - 14.

[175] 蔡萌, 任义科, 赵晨等. 网络结构模式与员工个人绩效——基于整体网络的分析[J]. 管理评论, 2013 (25): 143 - 155.

[176] 程海东. 高管团队异质性、战略双元与组织绩效的关系研究[D]. 山东大学博士学位论文, 2013.

[177] 范群林, 邵云飞, 唐小我. 结构嵌入性对集群企业创新绩效影响的实证研究[J]. 科学学研究, 2010, 28 (12): 1891-1899.

[178] 费尔普斯. 大繁荣: 大众创新如何带来国家繁荣[M]. 余江译. 北京: 中信出版社, 2013.

[179] 付群英, 刘志迎. 大众创新: 内涵与运行模式[J]. 科学学与科学技术管理, 2016 (2): 7-9.

[180] 付志勇. 面向创客教育的众创空间与生态建构[J]. 现代教育技术, 2015 (5): 18-26.

[181] 高博. 总理提出构建面向人人的"众创空间"激发亿万群众创造活力[N]. 科技日报, 2015-01-29.

[182] 辜胜阻. 把粤港澳大湾区建成核心技术创新的高地[N]. 人民日报 (海外版), 2018-06-28.

[183] 国务院. 2015年政府工作报告[N]. 国发 [2015] 14号, 2015-03-05.

[184] 国务院. 关于大力推进大众创业万众创新若干政策措施的意见[N]. 国发 [2015] 32号, 2015-06-11.

[185] 郭云南, 张晋华, 黄夏岚. 社会网络的概念、测度及其影响: 一个文献综述[J]. 浙江社会科学, 2015 (2): 122-132.

[186] 郭毅, 朱熹. 企业家的社会资本——对企业家研究的深化[J]. 外国经济与管理, 2002, 1: 13-39.

[187] 胡望斌,张玉利,杨俊.同质性还是异质性:创业导向对技术创业团队与新企业绩效关系的调节作用研究[J].管理世界,2014(6):92-109.

[188] 贾天明,雷良海.众创空间的内涵、类型及盈利模式研究[J].当代经济管理,2017(6):13-18.

[189] 科技部.发展众创空间促进大众创业万众创新[N].科技,2015-02-06.

[190] 赖家彦.社会网络对组织内个体间知识转移有效性的影响研究[D].华南理工大学博士学位论文,2011.

[191] 李晨蕾,柳卸林,朱丽.国际研发联盟网络结构对企业创新绩效的影响研究——基于社会资本视角[J].科学学与科学技术管理,2017,38(1):52-61.

[192] 林润辉,张红娟,范建红.基于网络组织的协作创新研究综述[J].管理评论,2013(6):7-8.

[193] 林南.社会资本:争鸣的范式和实证检验[J].香港社会学学报,2001(2):1-38.

[194] 林南.社会资本:关于社会结构与行动理论[M].上海:上海人民出版社,2005.

[195] 刘兰剑.创新的发生——网络关系特征及其影响[M].北京:科学出版社,2010.

[196] 刘志迎,陈青祥,徐毅.众创的概念模型及其理论解析[J].科学学与科学技术管理,2015(36):52-61.

[197] 刘志迎.众创空间:创客与众创模式[C].第12届中国技术管理学术年会,2015.

[198] 栾春娟, 刘则渊, 侯海燕. 发明者合作网络中心性对科研绩效的影响[J]. 科学学研究, 2008 (10): 938-941.

[199] 罗晖. 科协基层组织应参与搭建众创平台[N]. 科技日报, 2015-05-04.

[200] 牛芳, 张玉利, 杨俊. 创业团队异质性与新企业绩效: 领导者乐观心理的调节作用[J]. 管理评论, 2011 (11): 110-121.

[201] 任宗强, 吴志岩. 创新网络中的异质性、匹配度与能力动态仿真研究[J]. 科学学与科学技术管理, 2012, 33 (8): 51-57.

[202] 盛亚, 范栋梁. 结构洞分类理论及其在创新网络中的应用[J]. 科学学研究, 2009, 27 (9): 1047-1011.

[203] 石磊. 创业团队构成多元化的选择模式与标准[J]. 外国经济与管理, 2008 (4): 52-59.

[204] 宋刚等. Fab Lab 创新模式及其启示[J]. 科学管理研究, 2008, 26 (6): 1-4.

[205] 宋刚, 张楠. 创新2.0: 知识社会环境下的创新民主化[J]. 中国软科学, 2009 (10): 60-66.

[206] 宋述强, 钟晓流, 焦丽珍, 李寅. 创客教育及其空间生态建设[J]. 现代教育技术, 2016, 26 (1): 13-20.

[207] 孙笑明, 崔文田, 王乐. 结构洞与企业创新绩效的关系研究综述[J]. 科学学与科学技术管理, 2014 (11): 7-9.

[208] 唐文军. 私营企业家社会关系网络研究[D]. 西

南财经大学博士学位论文,2009.

[209] 王冰. 创业团队异质性、团队氛围与创业绩效关系研究[D]. 吉林大学博士学位论文,2012.

[210] 王崇峰,高泽鹏. 创新团体、结构洞非均衡性与创新产出——基于海洋产业的省级面板研究[J]. 山东大学学报(哲学社会科学版),2017(1):115-121.

[211] 王路昊. 孵化器的概念及其角色演变——基于《人民日报》数据库的扎根理论分析[J]. 科学学研究,2014(4):493-500.

[212] 吴俊杰. 企业家社会网络、双元性创新与技术创新绩效[D]. 浙江工商大学博士学位论文,2013.

[213] 吴冰,王重鸣. 知识与知识管理:一个文献综述[J]. 华东理工大学学报(社会科学版),2006(1):57-61.

[214] 徐思彦,李正风. 公众参与创新的社会网络:创客运动与创客空间[J]. 科学学研究,2014(12):1789-1796.

[215] 薛靖,任子平. 从社会网络角度探讨个人外部关系资本与创新行为关系的实证研究[J]. 管理世界,2006(5):150-157.

[216] 杨皎平,侯楠,邓雪. 基于团队认同对学习空间调节作用的成员异质性对团队创新绩效的影响研究[J]. 管理学报,2014,11(7):10-21.

[217] 杨隽萍,彭学兵,廖亭亭. 网络异质性、知识异质性与新创企业创新[J]. 情报科学,2015(4):40-45.

[218] 张玲. 孵化器运营模式优化策略研究[D]. 西南财经大学博士学位论文,2016.

[219] 张伟. 北京创客空间提出"中国创客3.0"概念[N]. 中国高新技术产业导报,2015-05-04.

[220] 翟元昊. 李克强考察柴火创客空间[N]. 中国青年报,2015-01-012.

[221] 赵颖斯. 创新网络中企业网络能力、网络位置与创新绩效的相关性研究[D]. 北京交通大学博士学位论文,2014.

致　谢

　　青葱岁月蹉跎，终于在不惑之年完成本书，实现源自儿时的梦想。此时此刻，所有的思绪涌上心头，所有言语都苍白得无法言表我的崇敬谢意。夜深人静，独自一人，回首过往：拿到通知书的欣喜，求学的如饥似渴，没有周末的实验室时光，调研路上的欢乐，被拒稿的痛苦，一字字修改的专注……此刻，我只想用蹩脚直白的朴实文字，表达我的感谢和感激之情。

　　首先由衷感谢导师刘志迎。本书的顺利完成离不开他的悉心指导和教诲。学生底子差、基础薄，老师不辞辛劳地从选题、开题、写作到最后的定稿一一指导。读博的几年里，他亲自为学生修改论文、指点迷津，引领学生进入学术殿堂，学生的点滴成长和进步无不渗透着他的引导和教诲。师恩永难忘，在这六年里，老师渊博的学识、严谨的治学态度、不懈探索的精神和诲人不倦的师德，令学生受益良多。师恩无以为报，请允许我在此向老师致以最诚挚的敬意和衷

创客合作网络

心的感谢,谢谢您,刘老师!

感谢中国科技大学管理学院的梁樑老师、华中生老师、余玉刚老师、赵定涛老师、罗彪老师、王卫平老师、贺俊老师、杜少甫老师、郭江平老师、朱宁老师、代祺老师、罗昭锋老师等,他们精彩的授课、讲座与学术讨论,开阔了我的视野,丰富了我的学识,帮助我在科研道路上打下了坚实的基础。感谢我的班主任彭政思老师,在我求学道路上的辛勤劳动与事无巨细的耐心指导和帮助。感谢徐毅老师对我调研问卷的思考及在我调研路上的帮助。

感谢研究团队的各位兄弟姐妹,他们是郭磊、何毅、谭敏、俞仁智、郑晓峰、马朝良、单洁含、何洁芳、张吉坤、汪丹丹、夏燕梅、熊潇雅、龚秀媛、张明玉、庞建刚、倪飞、陈海龙、郭兴研、王远东、陈青祥、鲍丽娜、王琳琳、毕盛、韦周雪、戎彦珍、陈侠飞、冷宗阳、龙家立、武帅、武琳、彭宝安等,感谢你们给予的帮助,怀念和你们学术讨论以及一起打球时的快乐时光。感谢一路陪伴我、帮助我成长的好友李芹芹、陪我健身的王茜及室友等众多好友,是你们让我过去的生活和学习如此丰富多彩、回味无穷!

感谢全国各地创客空间的创始人及创客们,他们是合肥创客空间童宗兵、上海新车间李大维、西湖创客汇戴立、深圳柴火空间潘昊、深圳 DIY 空间的 Terry、广州梦车间郭少豪、武汉光谷创客空间的晏书林与晏文临、南京创客空间郑岩峰、天津创客体验中心朱永健、北京创客空间王盛林、武汉华创空间周天武、成都创客坊张明、宁波创客空间吴波、武汉去创吧的严重捷、成都创客谢小强、武汉理工大创客王军领、合肥创客李劭劼、京东创客彭芝、深圳开放实验室傅娜、西湖创客邓露姣、柴火空间陈培培等，还有大连创客空间、山东潍坊创客空间、南京睿创空间的朋友们，请原谅不能一一列举。

最后，感谢我的家人，特别是我至亲的父母、亲爱的先生和宝贝儿女。求学 6 年，是你们给予我无私而伟大的爱，是你们始终在物质与精神上支持着我，尤其是母亲为我承受了沉重的生活压力，但却始终毫无怨言、不求回报。你们的爱和期望是我坚实的后盾和前行的动力。除了父母之外，我还要向我最亲爱的妹妹、表妹道一声感谢，感谢你们为我的家付出的青春和汗水。我的家人们，我爱你们！